T0208462

essentials

essentials liefern aktuelles Wissen in konzentrierter Form. Die Essenz dessen, worauf es als „State-of-the-Art" in der gegenwärtigen Fachdiskussion oder in der Praxis ankommt. *essentials* informieren schnell, unkompliziert und verständlich

- als Einführung in ein aktuelles Thema aus Ihrem Fachgebiet
- als Einstieg in ein für Sie noch unbekanntes Themenfeld
- als Einblick, um zum Thema mitreden zu können

Die Bücher in elektronischer und gedruckter Form bringen das Expertenwissen von Springer-Fachautoren kompakt zur Darstellung. Sie sind besonders für die Nutzung als eBook auf Tablet-PCs, eBook-Readern und Smartphones geeignet. *essentials:* Wissensbausteine aus den Wirtschafts-, Sozial- und Geisteswissenschaften, aus Technik und Naturwissenschaften sowie aus Medizin, Psychologie und Gesundheitsberufen. Von renommierten Autoren aller Springer-Verlagsmarken.

Weitere Bände in dieser Reihe http://www.springer.com/series/13088

Gerhard Preyer
Reuß-Markus Krauße

Ohnmächtige Weltmacht China

Modernisierung ohne Harmonie

 Springer VS

Gerhard Preyer
Goethe-Universität Frankfurt am Main
Frankfurt a. M., Deutschland

Reuß-Markus Krauße
Goethe-Universität Frankfurt am Main
Frankfurt a. M., Deutschland

ISSN 2197-6708   ISSN 2197-6716   (electronic)
essentials
ISBN 978-3-658-15526-1   ISBN 978-3-658-15527-8   (eBook)
DOI 10.1007/978-3-658-15527-8

Die Deutsche Nationalbibliothek verzeichnet diese Publikation in der Deutschen Nationalbiblio-
grafie; detaillierte bibliografische Daten sind im Internet über http://dnb.d-nb.de abrufbar.

Springer VS
© Springer Fachmedien Wiesbaden 2017

Gedruckt auf säurefreiem und chlorfrei gebleichtem Papier

Springer VS ist Teil von Springer Nature
Die eingetragene Gesellschaft ist Springer Fachmedien Wiesbaden GmbH
Die Anschrift der Gesellschaft ist: Abraham-Lincoln-Str. 46, 65189 Wiesbaden, Germany

Was Sie in diesem *essential* finden können

- Weltpolitische Rolle Chinas und ihre Grenzen
- Verständnis von Chinas Modernisierung
- Zukunft der chinesischen Gesellschaft
- Keine westlichen Problemlösungen

Vorwort

Das *essential* beschreibt grundlegende Probleme der chinesischen Modernisierung seit den 1990er Jahren und skizziert einen Ausblick auf ihre anstehende Fortführung. Chinas Modernisierung ist eine medieninszeniertes und journalistischen Ereignis geworden. Sie hat überrascht, irritiert und verunsichert. Dazu hat die Selbstdarstellung des politischen Zentrums mit beigetragen, welche die Verklärung der chinesischen Gesellschaft und Geschichte befördert, in dem sie den chinesischen Mythos neu erfindet. Es bedarf deshalb einen nüchternen Blicks auf die chinesische Modernisierung und die chinesische Gesellschaft. Gegenüber dem chinesischen Entwicklungsprogramm der weiteren Modernisierung Chinas als einer harmonischen Gesellschaft wird gezeigt, dass Chinas Zukunft eine „Zukunft ohne Harmonie" sein wird. Vor allem die zukünftige Rolle Chinas in der Weltgesellschaft bedarf eine ausgewogenen Einschätzung.

Gegenüber den Einschätzungen der Rolle Chinas als einer zukünftigen Weltmacht wird dahin gehend argumentiert, dass China aufgrund seiner veränderten Sozialstruktur eine ohnmächtige Weltmacht sein wird. Das heißt nicht, dass die neue Rolle Chinas im globalisierten und nach Regionen differenzierte Wirtschaftssystem Probleme mit sich bringt, die nicht leicht zu bewältigen sein werden. Das betrifft die weitere Innovation seines Wirtschaftssystems, seine Energieknappheit und seine politische Rolle in der Konkurrenz mit dem Westen. Das grundlegende Problem, das auch darin besteht, welche nicht-westlichen Problemlösungen nach dem chinesischen Wirtschaftswunder zu erwarten sind und wir haben uns zu fragen, wie sie sich auf die chinesische Außenpolitik auswirken? Davon sind zum Beispiel auch die politischen, wirtschaftlichen, wissenschaftlichen und touristischen Außenbeziehungen Chinas mit betroffen.

Gerhard Preyer
Reuß-Markus Krauße
Goethe-Universität Frankfurt am Main
Frankfurt a. M., Deutschland

Inhaltsverzeichnis

Chinas politischer, rechtlicher, wissenschaftlicher und wirtschaftlicher Einfluss

1

1.1 Krise der Supermacht?

„Folge dem Wandel" besagt ein chinesisches Sprichwort. Wer dem Wandel folgt, gelangt an einen anderen Ort, aber er braucht sich nicht zu ändern. Er bleibt der Gleiche im Wandel. „Wuwei" – „Handeln durch Nichthandeln" – wartet ab und passt sich der veränderten Situation an. Dabei sind anscheinend viele Optionen offen und der instrumentelle Eingriff steht unter einem Vorbehalt. Insofern gilt für die chinesische Modernisierung kein politisches Programm mit einer gesellschaftspolitische Utopie als Orientierung, sondern die situative Gestaltung aus den gegebenen Voraussetzungen. Sie werden nicht jakobinistisch zerstört, um die Vision einer neuen Gesellschaft zu errichten. Sie bleiben teilweise Erhalten und werden den veränderten Situationen angepasst. Darin besteht das typische der chinesischen Modernisierung seit ihrem Durchbruch in der Folge der 1990er Jahren, und es ist vermutlich das Geheimnis ihres Erfolges.

Im ersten Kapitel gehen wir dem Problem nach, wie der wachsende Einfluss Chinas vor dem Hintergrund seiner Modernisierung einzuschätzen ist. Angesprochen ist damit die veränderte Struktur der chinesischen Gesellschaft durch die von dem politischen Zentrum initiierten Modernisierung und die Anforderungen an eine weitere Modernisierung. Im zweiten Kapitel ist der sozio-kulturelle Hintergrund Thema, der immer im Blick zu behalten ist, wenn man die Struktur der chinesischen Gesellschaft auf ihre Innovationsfähigkeit untersuchen. Das dritte Kapitel verdeutlicht, warum China, entgegen gängigen Mediendarstellungen, keine neue führende Weltmacht sein wird. Im vierten Kapitel wird dem

© Springer Fachmedien Wiesbaden 2017
G. Preyer und R. Krauße, *Ohnmächtige Weltmacht China,* essentials,
DOI 10.1007/978-3-658-15527-8_1

Problembezug nachgegangen, dass die Selbstbeschreibung der chinesischen Gesellschaft als einer harmonischen Gesellschaft an den Anforderungen der weiteren Modernisierung scheitern. Das schließt jedoch nicht aus, dass die mit der weiteren Modernisierung einhergehenden Selbstkonfrontation der chinesischen Gesellschaft mit sich selbst, keinen westlichen Modernisierungspfad einschlagen wird. Dafür ist die Erkenntnis der Hauptkonflikte und Selbstirritationen der weiteren Modernisierung lehrreich.

Die chinesische Modernisierung seit dem Anfang der 1990er Jahre wurde durch das politische System ausgelöst und war unabhängig von äußeren Einflüssen. Sie war nicht das Ergebnis einer revolutionären sozialen Bewegung oder eine von außen kommenden Eingriffs. Sie wurde aber – a grosso mode gesprochen – durch die veränderte Situation des Endes des „Kalten Kriegs" und der damit einhergehenden Erweiterung des wirtschaftlichen Austauschs begünstigt (Stichwort „Globalisierung").

Das Zentrum des politischen Systems, das durch die „Kommunistische Partei Chinas" organisiert ist, löste eine teilweise „offene Marktpolitik" durch Privatisierung, Liberalisierung und die Nachfrage nach westlichen Investitionen aus. Das Ergebnis daraus war eine veränderte Interdependenz zwischen dem politischen und dem ökonomischen System. Demgegenüber waren die anderen Teilsysteme der chinesischen Gesellschaft, zum Beispiel das Wissenschafts- und das Rechtssystem, durch das politische und das Wirtschaftssystem weiter dominiert. Es ist jedoch eine erstaunliche Tatsache der chinesischen Modernisierung, dass die Erhaltung der sozialen Ordnung der chinesischen Gesellschaft durch die „Kommunistische Partei Chinas" gewährleistet wurde. Aus mitgliedschaftssoziologischer Sicht bedeutet das die Aufrechterhaltung der Mitgliedschaftsordnung der chinesischen Gesellschaft.

Es ist immer im Blick zu behalten, dass Chinas Modernisierung nicht mit der klassischen Modernisierungstheorie und einer Variation des historischen westlichen Modernisierungspfads zu erklären ist. Es ist vor allem hervorzuheben:

1. Es fand keine Variation der westlichen Kultur und ihres Wertesystems als eine Verbindung von „Universalismus und Individualismus, Rationalismus und instrumenteller Aktivismus" statt.
2. Das Ordnungsmodell war keine Orientierung an einem „institutionalisierten Individualismus" (Durkheim-Parsons Tradition).
3. Es wurde kein Wohlfahrtsstaat (Keynesianisches Gesellschaftsmodell) und
4. kein Inklusionsprogramm der Bürgerrechte institutionalisiert.

Für die Einschätzung dieses Problembezugs ist vor allem der Anschnitt im Hinblick auf die soziologische Theorie informativ genug vorzunehmen. Es liegen, nicht nur in der politischen Rhetorik, sondern auch von Fachvertretern oft einseitige Belichtungen des Problems vor. Dazu ein Hinweis. Die fundamentalen Menschenrechte, wie zum Beispiel Freiheit der Person, der Rede, der Versammlung und der Vereinigungen und ähnliches, d. h. politische, soziale und kulturelle Rechte, sind in den westlichen Verfassungen institutionalisiert. Diese Rechte sind Bestandteile einer „übergreifenden Gemeinschaft" (Marshall 1965) und legitimieren zugleich die sozialen Statuspositionen in der Schichtung als der „legitimierten Ungleichheit" des Klassenprestiges (Parsons 1977). Das ist die Sicht der Durkheim-Parsons Tradition in der soziologischen Theorie. Wir brauchen ihr aber nicht unbesehen zu folgen, wenn wir die Verfassung analytisch in eine Interpenetrationszone zwischen dem politischen und dem Rechtssystem anordnen. Es ist eine offene Frage, ob diese Struktur in der Zukunft weiter evolutionär tragfähig ist. Das gilt unabhängig von ihrer historischen Leistung für die Funktionssysteme der Mitgliedschaftsordnung des modernen Gesellschaftssystems und seiner Evolution. Niklas Luhmann hat vor allem auf diesen Problembezug aufmerksam gemacht.

Es ist bei dieser Struktur im Blick zu behalten, dass die rechtliche Kommunikation (Rechtssystem) gerade kein von Normen gesteuertes geschlossenes System ist (Luhmann 1993, S. 96–96). Der Rechtscode Recht/Unrecht erfasst nicht alle Kommunikationen, die deshalb gerade keine Rechtsverstöße sind. Im Gegenteil, die Institutionalisierung des Rechtssystems erlaubt es zugleich, Kommunikation konfliktfähig zu gestalten. Die Erfassung des Mitgliedschaftshandelns in sozialen Systemen als rechtsrelevant ist selbst eine Selektion, die Rechtsansprüche unter dem Gesichtspunkt der Rechtsfolgen ausweist. Die Verfassungstexte sind zum Beispiel interpretationsbedürftig und die Verfassungsrechtsprechung kann sich nur durch Entscheidungen binden, die ihrerseits nicht als Rechtsentscheidung, sondern nur durch ihre organisationale Durchführung Geltung hat. Jede Verfassungsinterpretation erfordert eine Sinnselektion im Hinblick auf ihre Rekursion und Projektion von normierten Erwartungen und Rechtsentscheidungen. Das erfordert einen hohen Symbolisierungs- und Kommunikationsbedarf. Die durch die strukturelle Kopplung zwischen dem Rechts- und dem politischen System institutionalisierte Mitgliedschaftsordnung, wird in der Formel des Rechtsstaats eine Konstruktion geläufig, die durch die Positivierung des Rechts zwangsläufig die traditionelle Unterscheidung von „strengem Recht und Billigkeit" dramatisiert (Luhmann 1993, S. 415). Zudem kommt, dass der Begriff des Rechtsstaats eine Einheit von Politik und Recht nahelegt, die verkennt, dass die Differenzierung der

Funktionssysteme mit ihren Interpenetrationszonen nicht mehr die gesellschaftliche Kommunikation übergreifend regeln kann. Das gilt auch dann, wenn sie zum Beispiel für das Wirtschafts-, Wissenschafts- und Erziehungssystem rechtliche Rahmenbedingungen vorgibt.

Das Problem ist im soziologischen Vergleich, vor allem zum Beispiel mit China, aber auch Japan, deshalb lehrreich, da es belegt, dass die Ablösung des Gesellschaftsvertrags durch die Verfassungsinstitutionalisierung eine typische westliche Modernisierungsstruktur ist, die wiederum nicht für die Mitgliedschaft in der Gesellschaft und die Teilnahme an gesellschaftlicher Kommunikation global gilt. Wählen wir diesen Blickwinkel, so verfehlt man die Struktur der chinesischen Modernisierung. Sie legitimiert sich gerade nicht durch eine sozial-strukturelle Semantik der Abstimmung von Naturrecht, Gemeinwohl, Gerechtigkeit und ihre Neuinterpretation in sozialstaatlichen Verteilungsprogrammen, sondern durch eine besondere Konstruktion der kollektiven chinesischen Identität und wirtschaftlichem Erfolg, dem die Außenpolitik untergeordnet ist. Es ist zudem auch in den Blick zu nehmen, dass wir gerade auch unter der Voraussetzung von Globalisierung keine Karriere von subjektiven Freiheitsrechten beobachten, sondern die Vermehrung von „Kollektivrechten", zum Beispiel der Unabhängigkeit von Staaten, religiösen politischen Ordnungen und Ethnien, aber auch eine Vermehrung von Menschenrechtsverstößen. Es drängt sich uns zunehmend eine Situation auf:

Funktionale Differenzierung erfordert eine „loose coupling" der Funktionssysteme, die Unterbindung von Rückschlüssen aus einer Rolle auf andere; und darin liegen auch Chancen für Rechtsbrüche und Korruption. Die Chancen, die Inklusion gewährt, können in persönliche Vorteile, in Lageverbesserungen, in Karrieren umgesetzt werden.

Das ist in gewissem Ausmaß normal. Wenn aber die Inklusion der einen auf Exklusion der anderen beruht, untergräbt diese Differenz das Normalfunktionieren der Funktionssysteme. Vor allem das Recht ist davon betroffen. Denn das Rechtssystem beruht nicht nur auf den systemeigenen Sanktionen, auf Verurteilung zur Zahlung oder zu Strafen, sondern auch auf gesellschaftsweiter Resonanz festgestellter Rechtswidrigkeit, die zusätzlich motiviert, sich ans Recht zu halten (Luhmann 1993, S. 584–85).

Das steht in dem sozialen Bezugsrahmen, dass man sich auch fragen sollte, ob überhaupt der Wohlstand der westlichen Gesellschaften weltweit zu verwirklichen ist. Insofern führt uns der Problembezug zur Struktur der chinesischen Modernisierung zurück. Sie behält theoretisch im Blick, dass jede Modernisierung von vorgegebenen Ausgangslagen aus begonnen hat und die Mitgliedschaftsbedingungen in den sozialen Systemen variiert oder anders gestaltet.

Die chinesische Modernisierung war kein revolutionäres totalitäres Experiment, wie in den westlichen Revolutionen, der maoistischen Revolution und der sich daran anschließenden Kulturrevolution. Sie hat Chinas Sozialkonstruktion als auch ihr kulturelles und politisches Programm nicht in Frage gestellt, sondern variiert. Ihre Bestandteile sind die traditionale Organisation des Verwandtschaftssystems, die sozialen Netzwerke (Guanxi) und die Organisation des politischen Systems und des Wirtschaftssystems. Die Reorganisation wirkte sich in der Struktur der chinesischen Gesellschaft aus und leitete eine Neuordnung der gesellschaftlichen Teilsysteme ein.

Beides, die chinesische Sozialkonstruktion als auch das kulturelle und politische Programm sind die Mitgliedschaftsbedingung der chinesischen Sozialsysteme, die Teilnahmebedingung an Kommunikation und des Zugangs zu den Statuspositionen. Sie sind a grosso mode dadurch zu charakterisieren:

1. Die soziale Statusfunktion ist kein personal-abstrahiertes und individualisiertes Rollenmodell, sondern ein relationaler Bezugsrahmen, der durch die Herkunftsgruppen und ihre Gemeinschaften dominiert ist.
2. Die Teilnahme an Kommunikation ist durch eine Konfliktvermeidungsstrategie und eine utilitaristische Orientierung der Mitglieder der sozialen Netzwerke gesteuert. Das schließt nicht aus, dass es harte Konflikte und Proteste in China gibt.
3. Das kulturelle und politische Programm ist an dem Kollektiv der geschlossenen Gesellschaft des „Großartigen Chinas" orientiert. Deshalb wird die chinesische Gesellschaft als Ganze als eine „harmonische Ordnung" beschrieben, d. h. sie ist eine Einheit von fließend kontrastierenden und gegensätzlichen Bestandteilen, zum Beispiel Yin-Yang Beziehung (Daoismus, Neokonfuzianismus).
   Es ist hervorzuheben, dass dieser Begriff von „Harmonie" von dem der Alteuropäischen Tradition zu unterscheiden ist. In ihr wird Harmonie als eine Symmetrie der Schönheit eines Teils des Maßes und Werts gefasst, der sogenannten „musica mundi" (kosmische Maßbeziehungen).
4. In der Zeitdimension ist die chinesische Kommunikation durch die Orientierung und Anpassung an die Gegenwart geordnet. Zeit ist als eine runde Scheibe symbolisiert auf der jede Position zu sich selbst zurückkehren kann. Insofern ist Wandel in der Zeit nicht zu bestimmen und durch instrumentelle Aktivitäten zu beeinflussen.

Bei allen vorliegenden wirtschaftlichen, technologischen und kulturellen Veränderungen ist China keine westliche Gesellschaft. Die Eliten sind nicht kosmopolitisch dahin gehend orientiert, dass sie sich als ein Teil einer Weltgesellschaft oder einer globalen Zivilisation selbstbeschreiben. Die chinesische Wirtschaft ist zwar zunehmend in das globale Wirtschaftssystem integriert, aber es ist kein Vorreiter eines moralischen Unternehmertums im Sinne einer Anhebung der sozialen Standards noch dem Vorbild der westlichen Gesellschaft in Westeuropa und den Vereinigten Staaten von Amerika. An der innen- und außenpolitische Inszenierung, der rechtlichen Veränderungen, aber auch der kulturellen Selbstbeschreibungen, sind die Grenzziehungen zu westlichen Modernisierungen am deutlichsten sichtbar.

Es ist bereits auf dem Ist-Stand zu erkennen, dass die fortlaufende Modernisierung der chinesischen Gesellschaft nicht zu einer Vereinheitlichung einer globalen Weltgesellschaft betragen wird. Darüber hinaus ist die chinesische Modernisierung auch kein alternativer Entwicklungspfad gegenüber dem europäischen und amerikanischen Modell. Insofern sollen wir auch nicht von einem asiatischen Jahrhundert sprechen, in dem die ostasiatischen Gesellschaften das chinesische Modell übernehmen.

Um die Frage zu beantworten, ob China eine zukünftige Weltmacht sein wird, empfiehlt es sich, anzugeben, was wir unter einer Weltmacht verstehen:

1. Sie übt unabhängiger als andere Mächte einen Einfluss auf unterschiedliche Gesellschaftsbereiche wie Politik, Wirtschaft, Recht und Sozialstruktur aus,
2. sie verschafft der Selbstbeschreibung als Weltmacht Geltung,
3. sie übt Einfluss über die politischen Grenzen hinweg aus,
4. sie gestalte Konflikte und interveniert militärisch und
5. sie reagiert mit Innovation auf Krisen.

Die Frage nach einer Weltmachtstellung einer Gesellschaft, die zugleich politischen, wirtschaftlichen, rechtlichen, wissenschaftlichen und kulturellen Einfluss in hohem Maß ausgeübt hat, ist in Zeiten der Globalisierung eine historische Fragestellung, da politische, wirtschaftliche, rechtliche und kulturelle Zentren nicht mehr zusammenfallen. Insofern verkennen die Vergleiche zum Englischen Imperium als die bestimmende See- und Handelsmacht des 19. Jahrhunderts, aber auch zu den Vereinigten Staaten von Amerika nach dem Ende des Zweiten Weltkriegs oder aber auch zur Einflussgestaltung der Sowjetunion auf seine Blockstaaten und China sowie dem zukünftigen China die strukturellen Veränderungen in der Weltgesellschaft. Subramanian (2011) hat z. B. die zukünftige dominierende Rolle Chinas in der Weltgesellschaft durch sein Wirtschaftswachstum begründet. Das ist aber eine sehr vereinfachte Folgerung.

Wir gehen der Fragestellung nach, inwieweit China eine neue Weltmacht sein wird, welche die Weltgesellschaft zunehmend dominiert. Das wird durch die mediale rhetorische Inszenierung nahegelegt. Unsere These ist, entgegen diesen geläufigen Darstellung, dass China auf Grund der Struktur der chinesischen Gesellschaft als eine *ohnmächtige Weltmacht* zu beschreiben ist. Das wird dann erkennbar, wenn wir uns die Folgeprobleme der chinesischen Modernisierung seit den 1990er Jahren verdeutlichen und die Art und Weise der typisch chinesischen Problemlösungen. Angesprochen ist dabei die Rolle Chinas in der globalen Wirtschaft und im politischen System der Nationalstaaten. Es betrifft auch die Frage danach, wie sich die wirtschaftlichen und politischen Eliten in dem für sie veränderten sozialen Bezugsrahmen neu positionieren. Um dies einzuschätzen, darf man vor allem nicht von der kommunizierten Selbstbeschreibung der intellektuellen und politischen Eliten ausgehen.

Von der Analyse dieser Problemstellung hängt ab, welche Einschätzung der mittel- und langfristigen Entwicklung der Fortführung des Modernisierungsprozesses zu geben ist. Das ist hervorzuheben, da wir nicht davon ausgehen sollten, dass die fortlaufende Restrukturierung des Modernisierungsprozesses eine Homogenisierung der Lebensstandards in China einleitet. Es ist auch nicht zu erwarten, dass vom politischen System ein sozialstaatlicher Kompromiss nach dem Modell des Wohlfahrtsstaats, wie zum Beispiel in der Bundesrepublik Deutschland, institutionalisiert wird. Damit ist eine grundsätzliche Frage angesprochen, wie die soziale Integration und die Solidarität innerhalb der chinesischen Gesellschaft im Fortgang ausfallen, wenn zunehmend die verwandtschaftliche und kollektive Absicherung nicht mehr dem Exklusionsprozess entgegenwirkt.

In der gegenwärtigen Einschätzung zu China wird von fachwissenschaftlicher Seite und auch der journalistischen Beobachtung die Auffassung vertreten, dass China die kommende Weltmacht des 21. Jahrhunderts sein wird. Diese Einschätzung geht davon aus, dass die erfolgreiche Modernisierung Chinas der vergangenen zwei Jahrzehnte fortgesetzt wird und in Zukunft, so wie in der Vergangenheit, eine vergleichbare erfolgreiche zweite Modernisierung einleitet. Es wird erwartet, dass das wirtschaftliche Wachstum China auch bei nachlassender Dynamik die Wirtschaft der Vereinigten Staaten von Amerika überholt. Diese Veränderungen der chinesischen Gesellschaft werden nicht nur die chinesische Wirtschaft betreffen, sondern auch zum Wandel anderer Teilsysteme führen. Das betrifft zum Beispiel die Ausgestaltung der internationalen Beziehungen, die stärker auf eine wirtschaftliche Expansion setzt, wie zum Beispiel das chinesische Engagement in Afrika, anstatt sich an einer gesellschaftlichen Entwicklungspolitik zu orientieren.

Demgegenüber stehen die Einschätzungen, dass das politische System Chinas sich gegenwärtig in einer Krise befindet, die in einem Umbau des politischen Systems wie in der Sowjetunion Anfang der 1991 einmünden könnte. Das Krisenszenario wird dadurch begründet:

1. Es könnte die Gefahr bestehen, dass das politische Zentrum während einer Präsidentschaft des Vorsitzenden der Kommunistischen Partei Chinas zusammenbricht, zum Beispiel durch einen Staatsstreich. Es wird auch der Vergleich mit den Folgen der Reform der Sowjetunion nach Michael Gorbatschow in den 1980er Jahren gezogen (Zum Vergleich der chinesischen Modernisierung mit dem politisch-rechtlichen Gesellschaftsprogramm von Gorbatschow Bergmann und Krawietz 2009, S. VII ff.). Die Annahme geht dahin, dass die Partei- und Staatselite am politischen Programm des „Chinese Dream" ähnlich wie die Staatselite am Programm der Perestroika zweifelt. Angesprochen ist dabei die Selbstbeschreibung des politischen Systems. Es stellt sich als eine neue Verbindung von „Mao-Marxismus", „Konfuzianismus", „vormoderner Staatsphilosophie" und der „Governance-Philosophie Xi Jinpings" des gegenwärtigen Präsidenten dar. Es soll ein alternatives Modell zum westlichen Kapitalismus sein. Dieses von Xi Jinping vertreten Modell soll weniger Anhänger in den Parteikadern und der akademischen Elite haben, als vorgegeben wird. Als Beleg dafür werden die geringe Überzeugungskraft bei der Präsentation von „Chinas Traum" und der geringe Absatz von Xi's Büchern angeführt (Xi Jinping 2014).

2. Die wirtschaftlichen Eliten verliert das Vertrauen in das politische System China und neigt dazu, China zu verlassen. Diese Tendenz gefährdet den Ausbau der chinesischen Wirtschaft und der Investitionen.

3. Das politischen System reagiert mit Unterdrückungsmaßnahmen, zum Beispiel der Kontrolle der Medien (Film, Kunst, Literatur) und der Benachteiligung ethnischer Gruppen.

4. Die anhaltende Korruption verhindert eine Stabilität der politischen Systems und sie hemmt eine weitere Modernisierung. Daran ändern auch die gegenwärtigen Antikorruptionskampagnen wenig, da sie sich nicht gegen das Prinzip der Korruption wenden, sondern lediglich bestimmte Netzwerke und politische Gegner ausschalten sollten wie zum Beispiel die Clique von Jiang Zemin (Netzwerk).

5. Abschließend wird dem politischen System ein Reformstau zugeschrieben, die notwenigen Reformen der chinesischen Wirtschaft zu verhindern oder sie scheitert an den Interessen von lokalen Kadern und Institutionen.

Diese Sichtweisen der Gesellschaft Chinas und ihrer Veränderungschancen widersprechen sich. Trotz dieser abweichenden Positionen lassen sich Belege und

Beobachtungen sowohl für die eine, als auch die andere Zukunftsprognose nicht leichtfertige von der Hand weisen.

Worin besteht nun die Zukunft, wird sich der Leser fragen?

Für die Antwort dieser Frage ist eine komplexe Sichtweise notwendig, die auch die Gesellschaftsstruktur, ihren Wandel und die Selbstbeschreibung mitberücksichtigen. Eine solche Untersuchung kommt zu dem Schluss, dass es sich bei China um eine ohnmächtige Weltmacht handelt.

1.2 Wirtschaftlicher Freiraum und politische Steuerung

Die chinesische Modernisierung zeichnet sich durch eine stufenweise Öffnung des Wirtschaftssystems von Seiten des politischen Systems aus. Dabei wurde auch die Nichtsteuerung des Ergebnisses nicht ausgeschlossen. Die wirtschaftliche Modernisierung und Öffnung führte zu keiner Konfrontation und zu keiner Veränderung des politischen Zentrums, sondern es wurde von ihm ausgelöst. Die Stabilität des politischen Zentrums gestattet weiterer Öffnung des Wirtschaftssystems und die Integration in das globale Wirtschaftssystem. Aus der Verbindung zwischen dem politischen und dem Wirtschaftssystem entstand eine symbiotische Beziehung der Funktionseliten in Wirtschaft und Politik. Sie stellte eine gegenseitige Vorteilnahme sicher. Für die Wirtschaftseliten sind das die Sicherstellung einer gesellschaftlichen Ordnung, Absicherung und die weitere wirtschaftspolitische Öffnung. Die politischen Eliten profitierten vom wirtschaftlichen Wachstum durch die Zunahme von freien Ressourcen, die zu einem Anstieg des Lebensstandards führten und die über soziale Netzwerke zu verteilen sind. Aus diesen Wandel und den sich daraus veränderten Gegebenheiten entstanden keine sozialen Bewegungen, die das politische Zentrum infrage stellten oder andere gesellschaftspolitische Zielsetzungen verfolgten. Somit waren weder Forderung nach universalistischen Menschenrechten noch nach wohlfahrtsstaatliche Institutionen. Diese Querverbindung zwischen dem politischen und dem Wirtschaftssystem differenzierte sich ihrerseits in die Koalitionen von Gruppen in den Sonderwirtschaftszonen der Umstellung der Plan- auf eine Marktwirtschaft.

Die Zukunftsherausforderung des politischen Systems Chinas wird darin bestehen, in der die Ausweitung der Modernisierung Chinas, zum Beispiel die Gründung neuer Städte, der Ausbau der Infrastruktur, die Entwicklung des landwirtschaftlichen Raums Zentralchinas und die Ausweitung des Handelns, sich verlangsamt oder sogar rückläufig ist. Zu erwarten ist in dieser Situation, dass die politische Elite nicht nach neuen Lösungen sucht, sondern die bisherigen erfolgreichen Strategien anwendet. So wird der lokalen Verantwortung einen Vorrang vor der zentralen Verantwortung, die Situationslösung einen Vorrang vor Musterlösungen und die Vielfalt der Problemlösungen einen Vorrang vor Einheitslösungen haben. Damit geht eine positive Bewertung von Unterschieden einher. Für das politische System ist auch in Zukunft davon auszugehen, dass es voraussichtlich als ein Bindeglied dieser inneren Differenzierungen die Stärkung der kollektiven Identität der Chinesen vornimmt und die Herausstellung ihrer Einmaligkeit weiterhin das innenpolitische Programm bleibt. Das betrifft aber nicht nur die Innenpolitik, sondern auch die politische Selbstdarstellung nach außen.

Besonders erfolgreich war für die Kollektivbeschreibung der Chinesen in den vergangenen zwanzig Jahren die wirtschaftliche Modernisierung und der damit verbundene Anstieg des Lebensstandards. Die Orientierung wird auch weiter zu dem Programm der chinesischen Politik gehören. Sie eröffnet nach innen die Verlautbarung des Programms der Mobilität und des Aufbruchs mit dem Glauben daran „Alles ist möglich". Gegenüber den außenpolitischen Darstellungen stellt die Unterstützung der wirtschaftlichen Modernisierung einen Handlungsspielraum bereit und erhöht damit gleichzeitig die Akzeptanz der chinesischen Politik durch die Legitimation „Wir haben es richtig gemacht".

In den vergangenen zwanzig Jahren hat das politische Zentrum den selbstständigen Gestaltungsspielraum der Regionen erhöht und sie damit in die Lage versetzt, unterschiedliche wirtschaftliche Modernisierungen in Gang zu setzen. Der Balanceakt bestand darin, die Regionen in ihrer Entwicklung nicht im Wettbewerb zum Zentrum entstehen zu lassen und dafür zu sorgen, dass keine Abspaltung vom Nationalstaat eingeleitet wird. Bei der Ausgestaltung dieser Vorgehensweise ist nicht nach einem Reißbrett verfahren worden, sondern es wurden situativ Lösungen gesucht und Freiräume ausprobiert. Dieses Programm des Versuchs und Irrtums sowie der politischen Steuerung ermöglichte es, zum einen regionalspezifische Anforderungen als auch zum anderen zeitliche wirtschaftszyklische Veränderungen einzubeziehen. Auf dem Ist-Stand ist davon auszugehen, dass die politische Legitimität der Kommunistischen Partei Chinas nicht in Frage gestellt wird. Dabei ist immer im Blick zu behalten, dass der westliche Beobachter die Kommunistische Partei als einen monolithischen Block beschreibt. Das ist jedoch nicht der Fall. Durch die Öffnung der Kommunistischen Partei gelingt es unterschiedliche gesellschaftliche Gruppen in sie aufzunehmen und ihnen dadurch auch eine Karriere zu ermöglichen. Die Attraktivität dieser Öffnung zeigt sich daran, dass sich die Mitgliederzahl der Kommunistischen Partei auf 70 Mio. erhöhte und damit in den letzten 20 Jahren nahezu verdoppelt hat.

Es ist zu erwarten, dass eine Ausweitung der Proteste und Protestformen die Modernisierung Chinas begleiten. Dies wird aber voraussichtlich keinen Umbau des politischen Zentrums einleiten. Stattdessen werden sie dazu führen, situative Anpassungen vorzunehmen oder differenzierte Veränderungen im Sinne eines Modellcharakters den Protesten gegenüberzustellen. Insofern ist mit einer Binnenkonkurrenz zu rechnen, die keine Protestbewegung gegen das politische Zentrum begünstigt. Auf der lokalen und der regionalen Ebene werden Provinzen und Gemeinden zunehmend stärker miteinander konkurrieren und um die besten Problemlösungsalternativen ringen. Insofern ist auch nicht die Übernahme westlicher Modernisierungsprogramme zu erwarten. Darin besteht eine chinaspezifische Struktur des politischen Systems, das sich fortlaufend verändert und eine Alternative zu den Problemlösungen der westlichen politischen Systeme ist.

Diese Struktur ist durch die Aufrechterhaltung der Stellung der Kommunistischen Partei Chinas im politischen System, die Einheit des chinesischen Nationalstaates sowie die fortlaufende Integration in das globale (transnationale) Wirtschafts- und Wissenschaftssystem zu charakterisieren. Es ist zu vermuten, dass sich damit fortlaufend eine Erneuerung der kollektiven Identität und die Verschiebung von Solidaritäten innerhalb der Gruppen der chinesischen Gesellschaft einstellt. Die fortschreitende Teilnahme an dem globalen Wirtschaftssystem geht auch für die chinesische Seite mit neuen Abhängigkeiten einher. Welche Gemengelage sich dadurch für den Fortgang der Modernisierung einstellt, ist nicht von vorn herein festgelegt. Sie wird aber auf der dargestellten Struktur der chinesischen Modernisierung aufbauen.

Für den Fortgang ist von dieser Ausgangssituation ausgehend zu erkennen, dass die Stabilität des politischen Zentrums auch mit einer Einschränkung der Variabilität in der Zielfindung und Ausgestaltung der politischen Prozesse verbunden ist. In welcher Weise auf diese Anforderung reagiert wird, ist vom gegenwärtigen Standpunkt noch nicht zu erkennen. Aus einer Aufweichung der Stabilität muss für das politische Zentrum aber noch keine Flexibilisierung in der Organisation und Legitimation von kollektiven Zielen folgen. Das politische Zentrum bedarf in Zukunft eines Umgangs mit dem sich aus der Folge der Modernisierung resultierenden verbreitenden und sich abgrenzenden sozialen System in der chinesischen Gesellschaft. Das betrifft zum Beispiel die kollektiven Identitäten und die regionale sowie ethnischen Unterschiede. Von dem Ist-Stand aus ist zu erkennen, dass nicht alle mit ihren Interessen und Ziele berücksichtigt werden können. Damit gehen Einschränkungen im Hinblick auf eine Weltmachtpolitik Chinas einher. Sie wird daher so angelegt sein, dass sie die internen Herausforderungen an das politische Zentrum nicht in derart erhöht, dass die Stabilität, die Vormachtstellung der Kommunistischen Partei Chinas gefährdet.

Eine Ausweitung des politischen Einflussbereiches des politischen Zentrums Chinas über die politischen Grenzen hinweg, dient nur einem begrenzten Maße der Stabilisierung der kollektiven Identität der chinesischen Gesellschaft. Dem gegenüber steht der Restrukutierungsaufwand des politischen Zentrums, der für bestehende Eliten die Gefährdung der Aufrechterhaltung ihrer Position beinhaltet. Dazu gehört auch eine konfliktreiche Auseinandersetzung, die zu einem anderen Einsatz der Ressourcen führen kann. Eine absehbare Folge wäre die Gefährdung der Grenzen und damit einhergehend ein Risiko für die Stabilität der sozialen Ordnung, wie zum Beispiel eine Fragmentierung und Umgestaltung der Solidaritätsformen der chinesische Gesellschaft. Ein zielgerichtetes politisches Programm des politischen Zentrums zum Aufbau einer Weltmachtposition hieße damit globale Ansprüche politische, aber auch militärische Ansprüche, durchzusetzen und eine Modernisierung des politischen Zentrums vorzunehmen. Das beträfe nicht nur das politische Zentrum, sondern auch die anderen Teilbereiche der chinesischen Gesellschaft, die durch die chinesische Modernisierung Verbindungen und Strukturen aufgebaut haben, und auch die Modernisierung der kollektiven Selbstbeschreibung und Solidaritätsformen.

1.3   Chinas Wirtschaft im Umbruch

Durch die weitere Modernisierung werden an die chinesische Gesellschaft neue Anforderungen gestellt. Sie ergeben sich aus den inneren Veränderungen und aus den Anpassungsanforderungen, die von außen an die chinesische Gesellschaft herangetragen werden. Das betrifft die Veränderungen, die durch das globale Wirtschaftssystem in China fortlaufend ausgelöst werden und die Forderungen und Erwartungen der westlichen Politik. Aus der Innensicht stellt sich die Frage, wie Stabilität und Wandel zu vereinbaren sind. Das kann kurzfristige Modernisierungskonflikte einleiten. Die wachsende Integration des Teilnehmerkreises in das chinesische Wirtschaftssystem löst zudem eine weitere anhaltende Binnenmigration aus. Die wirtschaftlich prosperierenden Städte in den Küstenregionen ziehen die Landbevölkerungen aus den zentralen Provinzen an. Diese Binnenflucht erreicht schwer vorstellbare Ausmaße, da 80 % der chinesischen Bevölkerung noch zur Landbevölkerung gehören und von den Modernisierungen abgeschnitten sind. Sie strömen in den nächsten Jahren in die Städte. Binnen weniger Jahre wachsen die Städte zu Millionenmetropolen heran. Das stellt neue Anforderungen an Infrastrukturmaßnahmen wie den Wohnungsbau, die Wohnraumverteilungen, die Arbeitsplatzbeschaffungen, die Verkehrswege, die Versorgung und die Entsorgung von Abfall sowie an das individuelle und kollektive Zusammenleben. Für das Zusammenleben stellt sich die Frage, welche Einheiten und welche Abgrenzungen sich herausbilden bzw. wie der Verkehr zwischen den Abgrenzungen kommunikativ ausgestaltet wird. Die bisherigen Nachbarschaftskomitees und die

Verwaltung, welche die Konfliktregulierung vornahmen, werden diese Funktion nicht mehr ausüben können. Das war nur möglich solange die Freizügigkeit eingeschränkt und der Zugang zu Wohnraum streng reguliert war. Es liegt nahe, dass dafür neue Formen der Regulierung zu finden sind.

Das wirtschaftliche ‚Wunder Chinas' hat dazu geführt, dass die westlichen Beobachter diese Entwicklung naiv fortschreiben. Mittlerweile sprechen einige Beobachter auch vom 21. Jahrhundert als dem chinesischen Jahrhundert, in dem China die Rolle der Vereinigten Staaten von Amerika aus der zweiten Hälfte des 20. Jahrhundert übernimmt. Es wird erwartet, dass China die Rolle eines neuen Hegemon spielen wird, der nicht nur wirtschaftlich, sondern auch politisch die westlichen Gesellschaften dominiert. Eine solche Darstellung geht davon aus, dass wirtschaftliche, politische und auch kulturelle Standards zukünftig von China vorgeben werden. Dieser Blickwinkel ist nicht ganz neu, man neigt immer wieder dazu, sich vom Erfolgreichen beeindrucken zu lassen. Dabei handelt es sich um eine medial inszenierte Sicht. Die Bilder von ‚Glanz' und ‚Elend' dramatisieren die chinesischen Modernisierung in den westlichen Medien.

Diese Perspektive ist nicht nur einseitig, sondern gesellschafts- und mitgliedschaftstheoretisch uninformiert. Es gab in der Vergangenheit keinen Hegemon, der in der Lage war, die gesellschaftliche Kommunikation zu steuern und die Mitgliedschaftsselektionen sozialer Systeme zu dominieren. Die Darstellung ist aber auch zu einseitig und erinnert in ähnlicher Form an die Fortschreibung des japanischen Aufstiegs. So wie Japan auch im gegenwärtigen internationalen System der Wirtschaft und des politischen Systems einen nicht zu unterschätzenden Einfluss ausübt, so wird auch China in der gegenwärtigen Zukunft eine bedeutsame Stellung innehaben. Bei allen Errungenschaften in der chinesischen Gesellschaft sind ihnen aber auch Grenzen gezogen. Diese Grenzen bestehen nicht allein aus den Folgen einer Industriegesellschaft, zum Beispiel der Urbanisierung, Arbeitslosigkeit, Modernisierungsverlierer und Modernisierungsgewinner, sondern auch aus der sozio-strukturellen Voraussetzungen und den Folgen des chinesischen Modernisierungspfades.

Es ist davon auszugehen, dass die Förderung der chinesischen Wirtschaft durch das politische Zentrum fortgesetzt wird. Daraus entsteht selbst kein innovatives System, mit dem es gelingen wird technologische Vorreiterschaft oder durch neue Geschäftsmodelle über Chinas Grenzen hinaus erfolgreich zu sein. Das war die Überlegenheit der Vereinigten Staaten im 20. Jahrhundert. Die Grenzen der chinesischen Wirtschaft bestehen in ihrer Innovationsfähigkeit. Das hat zur Folge, dass der Wechsel von der „Werkbank der Welt" zum Trendgeber, so wie Silicon Valley, schwer gelingen mag.

Die Fortsetzung des chinesischen Wandels durch Anpassung und kurzfristiger Gewinnzielung mag den neuen chinesischen Reformprogramm zu Erfolg verhelfen. Es ist zu erwarten, dass sich in der Folge eine andere Struktur als im Westen etabliert. Aus der gegenwärtigen Perspektive liegt die Annahme nahe, dass das politische Zentrum Modellregionen einrichtet, die Innovationen oder Technologien hervorbringen und die dann von weiteren Regionen übernommen oder modifiziert werden. Die Erfolge der IT-Wirtschaft in Alibaba, Tencent (Internetspiele) und Baidu (Internetsuchmaschine) verdanken sich aber einer Kopie westlicher Technologie und sind keine eigenständigen Innovationen. Welche Folgen sich in den nächsten zwanzig Jahren daraus ergeben, kann heute nicht mit Bestimmtheit vorausgesehen werden. Es ist aber schon jetzt zu erkennen, dass eine Fragmentierung der chinesischen Gesellschaft weiter fortbesteht. Das heißt, es werden unterschiedliche Gruppen, Regionen und Branchen voranschreiten und andere ihnen nachfolgen. Dadurch sind ein weiteres Ansteigen der Lebensqualität und die Ausbildung neuer Schichten zu erwarten. Es ist von dieser Perspektive aber auch deutlich zu erkennen, dass eine homogene Mittelschicht so wie zum Beispiel in der Bundesrepublik Deutschland in seiner Modernisierung nach dem Zweiten Weltkrieg nicht die Folge sein wird. Zu erwähnen ist diesbezüglich, dass diese deutsche Mittelschicht bereits einer Erosion unterliegt und der mit ihr einhergegangene sozialstaatliche Kompromiss nicht mehr erneuert wird. Dieses sozialpolitische Programm übersteigt den politischen, wirtschaftlichen und sozial-kulturellen Anspruch der chinesischen Eliten. Er ist zudem im chinesischen kollektiven Bewusstsein auch nicht verankert. Wenn der Gleichanspruch des westlichen und bundesrepublikanischen Beobachters als Maßstab gesetzt wird, so verzerrt das die chinesische Vorgehensweise. Er wird ihr nicht gerecht und schafft keine systematischen Einsichten.

Eine hegemoniale Rolle Chinas und der damit einhergehende globale Einfluss seines Wirtschaftssystems würde nicht nur einen Sprung in der Wertschöpfungskette von der Herstellung zur Entwicklung bedeuten, sondern es hätte auch ein Finanzzentrum zu werden. Durch die Globalisierungsforschung wurde aufgedeckt, dass die Restrukturierung des globalen Wirtschaftssystems über die Finanzzentren erfolgt. China als wirtschaftliche Weltmacht hätte daher über seine Währungsreserven und den damit verbundenen Einfluss, ein Finanzzentrum aufzubauen, das die Investitionen in China und weltweit abwickelt. Die strukturellen Folgen, die sich aus einer solche Veränderung der chinesischen Gesellschaft und insbesondere für das chinesische Wirtschaftssystem ergeben, wäre eine Restrukturierung der chinesischen Wirtschaftsbereiche. Die Aufrechterhaltung der Verbindung zwischen dem politischen System und dem Wirtschaftssystem ist jedoch dadurch erschwert. Das betrifft auch die politische Einflussnahme auf Investitionen, wirtschaftliche Aktivitäten und die Unternehmensorganisation. Aus der Perspektive des chinesischen Wirtschaftssystems mag das eine erstrebenswerte Perspektive sein, aber für das politische Zentrum hieße das, einen Wandel zuzulassen, der sich über das Wirtschaftssystem hinaus Teilbereiche der Gesellschaft umgestaltet.

Während der letzten Jahrzehnte wurde die chinesische Wirtschaft teilweise in das transnationale (globale) Wirtschaftssystem integriert. Ihr wirtschaftlicher Status war ein Beitrag zum transnationalen (globalen) Fertigungsprozess. Die neue Wirtschaftspolitik sieht eine Förderung der Überführung der chinesischen Wirtschaft von der Fertigungswirtschaft zu einer „kreativen Industrie" vor. Dadurch soll eine Neupositionierung in der transnationalen (globalen) Wertschöpfungskette vorgenommen werden. Auf dem Ist-Stand ist der Verbrauchermarkt nur ein schwacher Bereich der chinesischen Wirtschaft. Eine Erhöhung der Verbrauchernachfrage erfordert ein höheres Einkommen, zum Beispiel nicht nur durch die Fertigung, sondern auch durch die Umstellung zur „kreativen Industrie" und eine nachhaltige Umweltwirtschaft.

Insofern besteht das Hauptproblem darin:

- Was ist der nächste Schritt in Chinas Modernisierung nach den letzten dreißig Jahren?
- Als Erfordernis des nächsten Schritts der chinesischen Modernisierung ist festzuhalten:

Es sind Investitionen in die moderne Technologie vorzunehmen und ihre wirtschaftliche Nutzung zu gewährleisten, der Export ist weiter fortzuführen, die Inlandsnachfrage ist zu verstärken, eine weitere Reorganisation der Herstellung und dadurch eine weitere Integration in die transnationale Arbeitsteilung ist zu begünstigen. Dabei ist im Blick zu behalten, dass ohne eine weitere Marktliberalisierung ein zukünftiges Wirtschaftswachstum vermutlich problematisch sein wird. Es ist auch zu berücksichtigen, dass die chinesischen Großprojekte nicht in jedem Fall eine flächendeckende Wirtschaftsentwicklung begünstigen. Auch der Annahme, dass das nächste Entwicklungsprojekt „Südchina" sein wird, ist auf dem Ist-Stand nicht zu erkennen. Das wird auch nicht dadurch bestätigt, dass in Südchina die Infrastruktur, vor allem der Straßenbau und der innerchinesische Tourismus, aufgebaut wird. Es stellt sich im Falle Südchinas vor allem die Frage, wer dort investieren soll?

1.4   Innovation durch Globalisierung der Märkte

Die Zukunftsanforderung, der sich das Wissenschaftssystem in China zu stellen hat, besteht darin, die wissenschaftliche Kommunikation zu irritieren und durch die Irritation mit neuen Ideen und Innovationen zu versorgen. Der Ausgleich zwischen Zerfall und Beständigkeit des überlieferten Wissens sind dabei ebenso eine Hürde, wie die Auseinandersetzung mit der Wissensgewinnung in dem globalen Wissenschaftssystem. Dabei gilt es den Anschluss herzustellen und das Schritttempo anzugeben. Die Veränderungen im globalen Wissenschaftssystem entziehen sich der Steuerung und lassen sich daher nicht durch zentrale Einflussnahme derart gestalten, dass ein gezielter Mitteleinsatz mit einem gezielten Ergebnis gleichzusetzen ist. Die Unterstützungen der organisationellen, programmatischen Vielfalt und die Anbindung und Vernetzung zum globalen Wissenschaftssystem sind zunehmend herzustellen. Gegenüber den daraus entstehenden Irritationen ist zugleich eine Sensibilität und entsprechende Toleranz derart zu entwickeln, dass Veränderungen aufgenommen und verarbeitet werden. Dabei dürfen nicht die Neuerungen, die Kritik und die Infragestellung als existenziell oder Systemfrage verurteilt werden.

Daran schließt sich die Frage an:

- Wie gelingt es an einem freien wissenschaftlichen Austausch teilzunehmen und auch die organisationellen Ressourcen dafür bereit zu stellen?
- Die Antwort kann daher nur lauten, eine Organisationsform zu suchen, die sowohl ein hohes Maß an Flexibilität zulässt, sowohl kurze Reaktionszeiten als auch die Bündelung vieler Ressourcen erlaubt. Ob das gelingt, lässt sich auf dem Ist-Stand kaum entscheiden.
- Es ist aber auch die Sensibilität des politischen Zentrums im Blick zu behalten, dass in der chinesischen Geschichte mehrfach soziale Bewegungen von den Hochschulen ausgingen, die das politische System destabilisierten. Ein historisch wichtiges Beispiel dafür ist die Vierte-Mai-Bewegung von 1919. Insofern wird das politische Zentrum einen freien wissenschaftlichen Austausch, wie wir ihn aus dem Westen kennen, so ohne weiteres nicht begünstigen und konsequent fördern. Die Belege der letzten Jahre weisen eher auf das Gegenteil hin.

Die Wissensverarbeitung des chinesischen Wissenschaftssystems ist nicht auf Innovation angelegt. Das schließt die Übernahme des westlichen Wissensstands nicht aus, er wird aber dort nicht fortgebildet. Daraus ergeben sich besondere Zukunftsanforderungen für die Wissensgewinnung, nicht nur im Hinblick auf die wissenschaftlichen Innovationen, sondern auch auf die Anwendung des wissenschaftlichen Wissens im Wirtschaftssystem. Die hohe Kunst wird im Fortgang für die Wissenschaftsentwicklung in China darin bestehen, eine Schwäche in eine Stärke umzuwandeln. Zwar wird der Austausch mit dem westlichen Wissenschaftssystem ansteigen, aber es stellt sich die Frage, ob die Organisation der

Aneignung von Wissensbeständen und ihre Erneuerung mittelfristig umgestaltet werden können. Die Stärke des chinesischen Wissenschaftssystems besteht darin, die enge Kopplung zum Wirtschaftssystem weiter auszubauen und durch die Innovationen am Markt für die Umsetzung neuer Ideen einen Geschwindigkeitsvorteil zu realisieren. Dazu bedarf es einer hohen Sensibilität von Seiten des Wissenschaftssystems, um schnell auf Veränderungen zu reagieren und sie auf kurzen Strecken zu verarbeiten. Aus der jetzigen Perspektive wird mittelfristig nicht damit zu rechnen sein, dass China eigene Innovationspfade vorgibt, die eine Orientierung für das globale oder westliche Wissenschaftssystem oder auch das Wirtschaftssystem sind.

Die Wissensaneignung hat in der chinesischen Gesellschaft ein hohes soziales Prestige. Die erfolgreich abgeschlossenen Schul- und Universitätsabschlüsse werden von der ganzen Familie gefeiert. Es fehlt den Heranwachsenden sicher auch nicht an dem entsprechenden Ehrgeiz erfolgreich die Schul- und Universitätsausbildung abzuschließen. Das wird aber dadurch begrenzt, da die gesamte Wissensaneignung auf Nachahmung und nicht auf kontextbezogene Anwendung angelegt ist. Zudem ist das traditionale Autoritätsverhältnis zwischen Lehrer und Schüler nicht auf Innovation, sondern auf die Erhaltung der Statuspositionen angelegt. Das hat auch zur Folge, dass schon während der Wissensaneignung eine hohe Binnendifferenz zwischen formal statusgleichen Gruppen der Schüler und Studenten entsteht, die eine Wissenszusammenlegung und eine kooperative Wissensverarbeitung nicht begünstigt und eher verhindert.

Von der Wissensgewinnung und der daraus folgenden Wissensinnovation sind die zeitliche Orientierung der Wissensgewinnung betroffen, da sich für das chinesische Wissenschaftssystem das Problem stellt, mit der Innovation und der Organisation der Anwendung von wissenschaftlichem Wissen im Westen Schritt zu halten. Die angewandte Forschung zur Herleitung von Problemlösungen zu Gegenwartsfragen wird daher für das chinesische Wissenschaftssystem zielführender sein, als über die vorliegende Grundlagenforschung eine Systematik zu erstellen und langfristig wirkende Neuentwicklungen zu ermöglichen. Diese strukturellen Nachteile sind vermutlich nur durch Kooperationen des chinesischen mit dem westlichen Wissenschaftssystem auszugleichen. Die damit einhergehenden Abhängigkeiten werden jedoch auch von chinesischer Seite erkannt.

Es ist dabei immer im Blick zu behalten, dass die chinesische Planung, unabhängig von den Fünfjahresplänen, kurz und mittelfristig und nicht langfristig angelegt ist. Der strukturelle Nachteil der Organisation des Wissenschaftssystems wird auch dahin gehend auszugleichen versucht, dass die individuelle Ausbildung früher, länger und intensiver erfolgt. Die chinesische Mittelschicht schickt ihre dreijährigen Kinder schon zum Englisch- und Musikunterricht, um sie auch auf die veränderten Austauschbeziehungen Chinas mit seiner sozialen Umwelt vorzubereiten. Um auf einem mit dem Westen vergleichbaren Innovations- und Ideenreichtum zu gelangen, muss eine Reorganisierung im chinesischen Wissenschaftssystem derart erfolgen, dass es die Zusammenlegung von Wissensbeständen ermöglicht. Die anstehenden Probleme sind in der Gruppe zu kommunizieren und lösen. Die Lösung hat einen sachlichen Vorrang vor den Statuspositionen der Gruppenmitglieder zu erhalten. Eine solche Veränderung ist aus der gegenwärtigen Perspektive höchsten mittel- bis langfristig zu erwarten.

Wenn wir von dieser Struktur des Wissenschaftssystems ausgehen, so ist im Fortgang eine fortlaufende Umschichtung zu erwarten. Sie wird aber nicht dazu führen, dass westliche Wissenschaftler in das chinesische Wissenschaftssystem integriert werden. Die westlichen Hochschullehrer lehren zwar an chinesischen Universitäten, aber es kommt zu keinem Umbau der Organisation des Wissenschaftssystems nach westlichem Vorbild, die auch eine Veränderung der Status- und Prestigeordnung einleiten würde. Das schränkt zugleich den wissenschaftlichen Austausch ein. Ein Umbau des Wissenschaftssystems, das nicht mehr unter dem Einfluss des politischen Zentrums steht, ist vorerst nicht zu erwarten. Das schränkt die weltpolitischen Optionen des politischen Zentrums ein, da es den Austausch mit dem westlichen Wissenschaftssystem aufrechtzuerhalten hat.

Aus dem Rückblick betrachtet hat sich Innovation durch den Markt als eine Erfolgsstrategie der chinesischen Modernisierung erwiesen, da es Flexibilität und schnellen Investitionsrückfluss ermöglichte. Damit wurden Produkte und Dienstleistungen ständig auf die Marktveränderungen angepasst oder verschwanden vom Markt. Eine solche reaktive Entwicklungsstrategie ist auf eine langfristige strategische Investitionsstrategie schwer abzustimmen. Bisher wurden langfristige strategische Unternehmensziele in wirtschaftlichen Schlüsselbereichen vom politischen System gefördert, damit sie eine globale Führungsrolle in ihren Bereichen einnehmen. Das war auch erfolgreich. Ein solcher wirtschaftspolitische Einsatz ist sehr ressourcenaufwendig und risikoreich. Damit sind dem politischen Zentrum durch seine Innovationsstrategie für den Aufbau einer wirtschaftlichen Weltmacht Grenzen gesetzt. Sie bestehen nicht nur aus der Nutzung und Organisation der eigenen Ressourcen der chinesischen Gesellschaft, sondern auch aus der Akzeptanz einer solchen Vorgehensweise durch anderen Gesellschaften, die möglicherweise damit eine Beeinträchtigung erwarten.

Chinas Modernisierung leitete seinen wachsenden Einfluss im internationalen politischen System und im globalen und regional differenzierten Wirtschaftssystem ein. Der Einfluss der chinesischen politischen und wirtschaftlichen Eliten ist nicht ohne weiteres auszuklammern, d. h. er ist nicht ohne Einschränkung von anderen Gesellschaften zu übergehen. Das reicht aber nicht aus von China als einer zukünftig führenden Weltmacht zu sprechend, wie es Großbritannien und die Vereinigten Staaten waren. Das würde eine weitere Modernisierung Chinas erfordern, die von der bisherigen Modernisierung und ihrer damit entstandenen Gesellschaftsstruktur abweicht. Das hätte auch einen Wandel der chinesischen Sozialkonstruktion zur Folge und würde eine drastischere Umgestaltung einleiten als die bisherige Modernisierung.

Selbstreferenz statt Universalismus

2

2.1   Yin-Yang Rätsel!?

Die Kommunikation und der soziale Austausch zwischen weit auseinanderliegenden Kulturkreisen, ihrer unterschiedlichen Geschichte und Traditionen ist immer wieder mit, sich auch dramatisch auswirkenden, Verständnis- und Verständigungsproblemen belastet. Davon ist nicht nur der eurozentrische Blick, sondern die Verzerrungen aller an diesen Kommunikationen beteiligten, betroffen. Das ist keine neue Einsicht und gehört in den sich damit beschäftigten Disziplinen zur „Normalwissenschaft". Das war ein Motiv das Projekt „In China erfolgreich sein" durchzuführen (Preyer, Krausse 2009).

Die Modernisierung der chinesischen Gesellschaft ging mit einer Neuerfindung des Mythos als Ersatz für den Maoistischen Kommunismus einher. Die Ergebnisse sind Hybridisierungen. Es ist dabei im Blick zu behalten, dass diese Hybride aus unterschiedlichen Bestandteil der chinesischen sozio-kulturellen Tradition, aber auch westlichen Statussymbolen, zusammengesetzt und oft pseudologische verbunden sind. Sie sind ein Mitgliedschaftsmedium der chinesischen gesellschaftlichen Kommunikation und ein Medium der Kontaktaufnahme, aber auch der Abgrenzung. Vor allem ist die Yin-Yang Beziehung, als kosmologische Deutung und Selbstbeschreibung zu erwähnen. Sie ist auch bei den Mitgliedern der westlichen Esoterikgruppen beliebt. Typisch ist für diesen Weltbildhintergrund nicht die westliche Universalisierung, zum Beispiel der Menschenrechte, sondern die Selbstreferenz der chinesischen Kultur und ihrer Geschichte. Insofern ist aus westlicher Sicht eine kritische Überlegung zu einer Teilperspektive des chinesischen Weltbildhintergrunds, der Yin-Yang Beziehung, anzumerken. Angesprochen sind dabei die Ontologie von Weltbildern und der logische Standpunkt.

© Springer Fachmedien Wiesbaden 2017   21
G. Preyer und R. Krauße, *Ohnmächtige Weltmacht China*, essentials,
DOI 10.1007/978-3-658-15527-8_2

Yin-Yang wird, zum Beispiel als ☯ symbolisiert. Das Symbol wird auch als zwei Fischschwänze gedeutet. Es ist zu erwähnen das Yin (schwarz, weich, Ruhe/passiv, weiblich)-Yang (hell, hart, heiß, Aktivität/activ, männlich) ein Symbol der metaphysischen Ordnung ist. Das Yin-Yang Bild symbolisiert den Ursprung der Welt aus dem „Taiji" („Das sehr große Äußerste"), d. h. es ist ein ‚Fluss in sich selbst'. Die wörtliche Bedeutung von „Taiji", zum Beispiel Gipfel eines Berges, wurde als „Hauptpunkt der Achse, des Zentrums" reinterpretiert. Taiji ist vorrangig kein ethisches Programm, sondern eine kosmische Ordnung, zum Beispiel, die „Aktivität" geht zurück und verschwindet und geht in „Ruhe" über. Dieser Vorgang ist in einem Kreis symbolisiert, da die Ruhe ihrerseits verschwindet und sich in eine ansteigende Aktivität verändert.

Im Daoismus bedeutet Taiji die „Einheit von sich ergänzenden Gegensätzen". „Dào erzeugt Eins, Eins erzeugt Zwei, Zwei erzeugt Drei, Drei erzeugt alle Dinge." In der Wirkungsgeschichte wurden aus diesem Vorgang ethische Folgerungen gezogen und in der Medizin angewandt. Von einem logisch-semantischen Standpunkt ist die „Yin-Yang"-Semantik verworren:

1. Wir haben zwischen den Existenzvoraussetzungen (unterstellte Ontologie) und den logisch-semantischen Charakterisierungen zu unterscheiden. Was es gibt, ist ein Sache der Erfahrung bzw. der Erfahrungswissenschaften. Es ist auch plausible, dass, wenn jemand in einem Fluss Fische zu fangen beabsichtigt, er die Existenzvoraussetzung vornimmt, dass es in diesem Fluss fische gibt. Komplikationen stellen sich bei Existenzvoraussetzungen von abstrakten Gegenständen ein, zum Beispiel Begriffe, Funktionen, Zahlen, Propositionen und Mengen. Sind sie mentale Konstrukte oder dem Denken fertig vorgegeben (Platonismus)? Um Antinomien, zum Beispiel Russells Antinomie, zu vermeiden, empfiehlt sich eine konstruktive Systematisierung der Mengentheorie. Das Hintergrundproblem ist, ob Mengen ein festgelegter Gegenstandsbereich sind, d. h. eine Klasse von Mengen, die objektiv und unabhängig von unserem Denken besteht. Das braucht im Hinblick auf unser Thema nicht weiter vertieft zu werden. Ob wir bei der logisch wissenschaftlichen Beschreibung die Prädikatenlogik als glorreiches Instrument verwenden (Quine) oder von Anfang an mit Mitteln der Zerlegungsmengen der höheren Logik arbeiten ist nicht a priori zu entscheiden, sondern nur unter dem Gesichtspunkt der Leistungsfähigkeit des verwendeten logischen Instruments (Essler et al. 2000).
2. Es gibt nicht so etwas, wie die „Einheit von sich ergänzenden Gegensätzen", die sich in einem Fluss befinden. Gegensätze sind logisch a) kontradiktorisch, d. h. zwei Aussagen können nicht zur gleichen Zeit „wahr" und „falsch" sein und b) konträre Gegensätze, d. h. zwei Aussagen können nicht wahr und falsch

sein, aber es mag sein, dass beide falsch sind, zum Beispiel: Es ist kalt hier. Es ist heiß hier. Es ist wahr, dass es nicht zugleich „kalt" und „heiß" sein kann. Es mag aber sein, dass es eine mittlere Temperatur gibt. Das traditionelle Urteils-quadrat unterscheidet zwischen konträren, subkonträren, subalternen und kon-tradiktorischen Gegensätzen. In der modernen Logik verwendet man nur die Relation des kontradiktorischen Gegensatzes. Eine einzelne Aussage kann ent-weder wahr oder falsch sein. Eine andere Lesart dazu gibt es nicht, d. h. eine wahre Aussage ergibt durch ihre Negation eine falsche Aussage und die Nega-tion einer falschen Aussage ergibt eine wahre Aussage. Der kontradiktorische Gegensatz ist aber vom konträren Gegensatz, zum Beispiel „Kalt-warm Bei-spiel", zu unterscheiden (zum Vergleich zwischen der traditionellen und der modernen Darstellung Copi 1972.)

Es ist auch eine ontologisch abwegige Konstruktion, die Kosmologie aus einem (monistischen) Ursprung der Erzeugung „aller Dinge" am Leitfaden einer Zahlen-reihe zu beschreiben. Die Zahlentheorie, die Zahlen definiert mit den Peano-Axi-ome definiert: „natürliche Zahlen = unmittelbarer Nachfolger" rekursiv (induktiv), ist ein leistungsfähiges Instrument. Das ist keine Erzeugungsrelation, und aus ihr folgt keine besondere Ontologie. Dazu ist anzumerken, dass durch das chinesische kulturelle Programm das kognitive Rationalisierungspotential historisch schwach ausgeprägt wurde, zum Beispiel die Theorie an das Experiment angepasst wurde. Das gilt unabhängig von dem gesammelten einzelnen Erfahrungswissen.

Was bei der Kosmologie der Yin-Yang Semantik auffällt, ist das Fehlen des Möglichkeitshorizonts der Welt. Die Selbstbeschreibung geht nicht über den Übergang von Zuständen hinaus. Die Welt hat somit nicht die Form des Hori-zonts. Insofern gibt es in der Weltsemantik auch keine offene Zukunft, sondern nur ein sich bewegen in Kreisen. Es stellt sich damit die Frage, ob sie oder auch die konfuzianische Selbstbeschreibung die evolutionäre Lage der chinesischen Gesellschaft erfassen kann. Das ist aber ein Problem, das für die Selbstthema-tisierung der chinesischen gesellschaftlichen Kommunikation nicht typisch ist. Auch die moderne Gesellschaft hat, und kann keine Einheitsformel ihrer Selbst-beschreibung finden.

Es ist noch auf ein grundlegendes Problem hinzuweisen, das selten bedacht wird. Wenn wir von der Immunologie der Biologie und gegenwärtigen System-theorie (Luhmann) ausgehen, dann sind die asiatischen und platonischen Allein-heitslehren nicht innovierbar und eine Fehlprogrammierung. Das organische Leben und soziale System sind durch interne Abwehrreaktionen und Negationen bestimmt, die verhindern, dass sie von ihrer Umwelt überflutet werden. Insofern ist z. B. die Orientierung des Erlösungswegs des Aufgehens im Kosmos eine verhängnisvolle Selbsttäuschung. Unter dieser Voraussetzung könnte es kein biologisches Leben und keine soziale Systeme geben. Der funktionale Imperativ ihrer Reproduktion in der Zeit erfordert die strukturelle Aufrechterhaltung der System-Umweltrelation durch Abwehrreaktionen. Damit bricht die Selbstbeschreibung der Gefäßvorstellung der asiatischen Weltbildkonstruktion in sich zusammen. Die Ansprechbarkeit bestimmter sozialer Schichten der westlichen Gesellschaft auf die asiatische Philosophie bedarf einer wissenssoziologischen Erklärung. Das gilt auch für solche unwahrscheinlichen Religionen wie die des Buddhismus und für die chinesische Medizin.

2.2   Neuerfindung des Mythos

Die Modernisierung seit den 1990er Jahren hat die chinesische Gesellschaft weitgehend verändert. Die Mao-Bibel ist nicht mehr die ideologische Orientierung, die auch als Buch im chinesischen Alltag sichtbar war. Wenn man durch China reist, so wird man keinen Chinesen mehr mit der Mao-Bibel in der Hand antreffen. Die westliche Musik, auch Literatur und Kunst, westliches Wissen und das Internet gehören zu den Bestandteilen des chinesischen Alltags. Die neuen Mittelschichten orientieren sich an den Konsumstandards des Westens und haben sich ein entsprechendes Statusdenken schnell angeeignet. Die Automobile, wie zum Beispiel Porsche und Mercedes, gehören genauso zu den Statussymbolen wie der westliche Wohnkomfort und Kleidungsstil. Insofern hat sich die Prestigeordnung in der chinesischen mit der westlichen Gesellschaft hybridisiert. Die Übernahme von westlichen Statussymbolen iPads, iPhones und Louis Vuitton werden zwar übernommen und in China genauso wie im Westen vorgefunden, aber die damit kommunizierte Statusordnung hat in der gesellschaftlichen Kommunikation einen weiterführenden Stellenwert. Das äußert sich darin, dass die Abgrenzungen härter ausfallen und damit die Anstrengungen sie zu überwinden ebenfalls intensiver wahrgenommen werden müssen. So hat der Fall eines chinesischen Jugendlichen für Aufsehen gesorgt als er seine Niere für ein iPad verkaufte.

Die große Herausforderung für die kulturelle Orientierung in China wird auch darin bestehen, dass sie bisher immer vom Rückblick auf die Vergangenheit ausging. Für den Neuentwurf der Lebensweisen sind andere Orientierungen zu finden, die nur wenig oder keinen Vergleich zum Bisherigen zu lassen. Deshalb stellt sich die Frage, wie China die Selbstbeschreibung seiner eigenen Kultur fortschreibt, die sich auf die Adaptation der Tradition an die Gegenwartsumstände anschließen kann, ohne sich an einer Vision zu orientieren.

Seit den 1990er Jahren hat China mit seiner alternativen Modernisierungsroute den Mythos einer anderen Wirtschaftsform geschaffen, die aus chinesischer Perspektive eine Alternativ zu den westlichen Wirtschaftsformen sein soll. Für eine chinesische Weltmachtposition ist fraglich, wie der Mythos aus der kulturellen Orientierung oder der Mythos des chinesischen Wirtschaftswunders als Selbstbeschreibung für die Expansion des chinesischen Einflusses und damit der Ausweitung der Innengrenzen dienen kann. Die beiden Formen des chinesischen Mythos grenzen zugleich auch aus. Das betrifft vor allem die ostasiatischen Gesellschaften, die als Ausgleich zum wachsenden Einfluss der chinesischen Gesellschaft eine engere Beziehung zu den Vereinigten Staaten von Amerika anstreben.

Für den Anspruch einer führenden Weltmacht wäre ein chinesischer Mythos erforderlich, der andere Gesellschaften missioniert und damit zugleich der kollektiven Selbstbeschreibung dient. Für die chinesische Gesellschaft hätte eine solche Veränderung auch einen Wandel der Selbstbeschreibung zur Folge, der in der chinesischen Gesellschaft zu einer weiteren Fragmentierung führen könnte. Die bisherige Selbstbeschreibung, die sich auf rückbezügliche auf historische Ereignisse bezieht, würde bei einer Missionierung an Bindungskraft nach Innen verlieren. Sie kann nicht zugleich als ein originär Altes und das Fremde einschließendes neues Selbstverständnis gelten. Das muss kein Problem darstellen, aber es hätte den Umbau der kollektiven Selbstbeschreibung zur Folge, der nicht planifikatorisch zu gestalten ist.

Das kollektive Bewusstsein der chinesischen Gesellschaft hat sich im Verlauf der bisherigen Modernisierung nicht verändert und als eine Stärke erwiesen. Die daran angelegte Sozialstruktur und Kommunikationsmuster werden durch die spezifischen Erwartungserwartungen innerhalb der Gruppen in den sozialen Systemen stabilisiert. Sie bestehen darin, dass eine Ungleichheit der Orientierung und der Belohnung als Erstrebenswert gilt und als Orientierung dient. Darüber hinaus gehört zu dieser Orientierung die kurzfristige Nutzengewinnung, aber auch das über längeren Zeitraum überdauern von Engpässen oder Nichterfüllung von Erwartungen und Zielen. Insofern liegt eine Mischung aus langfristigen Zielorientierung und kurzfristiger Nutzenoptimierung vor. Ferner beinhalten die Mitgliedschaften in den sozialen Systemen und die damit einhergehenden Erwartungserwartungen auch bestimmte Solidaritätskonstruktionen, die Kompensationen und neue Anschlüsse erlauben. Das wird am ehesten in der Geschäftsgestaltung deutlich, wenn nicht danach gefragt wird, welchen Weg sind wir bisher gegangen, sondern welcher Weg verspricht für den nächsten Schritt den größten Erfolg. Das Charakteristische an dieser Vorgehensweise, die über das Wirtschaftssystem hinausgeht besteht darin, dass keine Legitimationen von den Mitgliedern vorgenommen werden. Sie können sich frei am wirtschaftlichen

Erfolg orientieren. Die Legitimation erfolgt im Nachhinein durch eine zurückver-
legte Plausibilisierung. Das ermöglicht eine Variation an neuen Optionen nach
Nutzenorientierungen.

Die kollektive Identität der Gesellschaftsmitglieder dient mit ihrer Selbstbeschreibung der Kompensation von Konflikten und inneren Spannungen. Sie ist
somit ein Fluchtpunkt auch im Hinblick auf die sozialen Netzwerke, die über eine
Zuordnung von Zugehörigkeiten und Abgrenzung von Außenstehenden eine Stabilität erreichen. Die Unterscheidung von Insider und Outsider wirkt sich insofern
besonders dramatisch aus. Für die kollektive Identität der Mitglieder der chinesischen Gesellschaft hat das Zusammenspiel von sozialen Netzwerken, sachlicher
Problemlösung und der zeitlichen Orientierung zur Folge, dass sie sich an Sym-
bolen der Identität in der Vergangenheit orientiert. Der erste Huang-Kaiser, das
unsterbliche Reich und die ewige Gültigkeit der Weisheit von Konfuzius sind der
Ausdruck dieser Symbole. Gleichzeitig handelt es sich dabei auch um mediale
Konstruktionen, die auf unterschiedliche Situationen angepasst werden. Dabei
fällt auf, dass die symbolischen Orientierungen in Zukunft von unterschiedlichen
sozialen Gruppen und in unterschiedlichen Kontexten zu beanspruchen sind, um
als eine Selbstbeschreibung erfolgreich zu sein. Ein Beispiel dafür ist das Symbol von Mao, der für eine Gruppe als Hersteller der nationalen Einheit und Identität gilt, für eine andere Gruppe als Personifikation eines Erfolgsprozesses, der
über schwierige Situationen hinweg erreicht wurde. Insofern gibt es durchaus
auch eine Konkurrenz über die Auslegung der Symbole und deren Authentizität
von unterschiedlichen Interpretationsgruppen. Das muss aber nicht konfliktreich
erfolgen, sondern kann zu der Akzeptanz von parallelen Wahrheiten führen. Die
Herausforderung wird somit darin bestehen, dass die kollektiven Identitäten der
unterschiedlichen sozialen Gruppen durch Symbole und Mythen beschrieben
werden, die zugleich eine besondere Auslegung zulassen und bestärken, aber eine
Klammer für die nationalstaatliche Selbstidentifikation bleiben.

Die Aufrechterhaltung der rückwärtsgewandten Orientierung an der Vergangenheit, die Aufnahme des Konfuzianismus der Stützung des politischen Zentrums und damit die Verlängerung der Tradition in die Gegenwart wird im Zuge
der Veränderungen der Modernisierung in China zu einem Abstimmungsproblem
führen. Eine Vielzahl von Nischen, Organisationsformen, neuen Lebens- und
Karriereentwürfen werden sich in ihrer Gesamtheit nicht mehr auf die gleiche
Tradition zurückführen lassen. Es ist daher zu erwarten, dass kurzfristige und
situationsbezogene Zeitorientierungen vorgenommen werden. Das chinesische
Reich der Mitte wird in seiner Selbstbeschreibung den großen Bogen zurück
zu einer mehrtausendjährigen Geschichte schlagen, aber die gegenwärtige chinesische Gesellschaft hat selbst keine Vergleichspunkte mehr zur Maozeit. Das

braucht eine Idealisierung Maos nicht auszuschließen, da er in die Tradition der Erneuerer steht, denen eine dem chinesischen Kaiser ähnliche Kultrolle zugeschrieben wird und ein Symbol für die Stärke des Kollektivs ist. Insofern kann Mao in die Ahnenreihe der Personifizierung der chinesischen Zivilisation eingereiht werden. Sein Bild wird in der chinesischen Popkultur vermarktet, aber er ist nicht mehr der kommunistische chinesische Kaiser, der das Ritual der Kommunikation mit der Überwelt der kommunistischen Utopie zelebriert. Die für einmalig gehaltene chinesische Zivilisation hat somit an der hybridisierten Weltkultur teil, ohne dass sie sich das einzugestehen braucht oder dazu bereit ist.

Für die kollektive Identität stellt sich in Zukunft die Anforderung der fortlaufenden Erneuerung und Umdeutung. Das ist in der chinesischen Modernisierung bisher gut gelungen. Sie verlegte erfolgreich die Identitätskonstruktion von der Gegenwart in die Vergangenheit verlegt hat. Es ist hervorzuheben, dass die Modernisierung in China seit 1990er Jahre keine neue kollektive Identität konstruiert hat, wie zum Beispiel der Maoismus zu Beginn der 1950er Jahre. Insofern hat sie im Fortgang eine Anschlussgestaltung zu der bisherigen kollektiven Identität der Einmaligkeit der Zivilisation herzustellen. Die weltpolitischen Optionen werden davon in derart eingeschränkt, dass die kollektive Identität nicht Frage gestellt werden kann oder durch einen Wechsel der Deutungshoheit durch andere Trägerschichten gefährdet wird.

Die kollektive Identität und ihre Selbstbeschreibung orientieren sich an der Einmaligkeit ihrer Zivilisation mit der Konstruktion einer historischen Kontinuität und Führungsrolle. Das ermöglicht die Schließung der Innengrenze und die Absorption von Konflikten. Davon betroffen ist auch der Aufbau einer Außengrenze, d. h. der Abgrenzungen gegenüber anderen Gesellschaft, religiösen und ethnischen Gruppen, die nicht dazu gehören. Diese Form der kollektiven Identität und Selbstbeschreibung führt bei der Ausweitung des Einflussgebiets zu einer Asymmetrie derart, dass andere Gesellschaften sich ihr unterzuordnen haben. Daraus muss kein prinzipielles Problem erfolgen, da im geschichtlichen Rückblick die Vasallenstaaten Chinas auch davon profitierten. Für eine Weltmachtposition Chinas wäre auf dieser Ebene ein Ausgleich vorzunehmen. Damit sind dem Einflussgebiet außerhalb der kulturell orientierten Selbstbeschreibung Chinas durch andere Anreizformen zu binden, wie zum Beispiel Solidarität und Kompensation. Anderfalls wäre eine abstrakte Konstruktionsform der kollektiven Identität einer chinesischen Weltmacht erforderlich, die andere Gesellschaften mit einbezieht. Ein solcher Umbau hat weitreichende Folgen für die soziale Ordnung in der chinesischen Gesellschaft und ist nicht zu erwarten.

2.3 Recht ohne Gleichheit

In der chinesischen Gesellschaft ist der Rechtsstreit die Ausnahme der Regelung von Konflikten. Die Dominanz der primären Rechtssysteme wurde auch bei der Aufnahme westlicher Rechtsnormen nicht gebrochen. Die primären Rechtssysteme versorgen bei der Konfliktaustragung die Konfliktparteien mit einer situativ angemessenen Entscheidung. Das ermöglicht es versorgungsrechtliche, kulturelle Eigenarten und regionalspezifische Einflüsse mit zu berücksichtigen. Durch die steigende Mobilität innerhalb Chinas und auch im Wirtschaftsverkehr mit ausländischen Unternehmen werden die Anforderungen nach übergreifenden Rechtsentscheidungen an das chinesische Rechtssystem gestellt. Für das Rechtssystem stellt sich das Problem:

Wie durch eine hohe Mobilität und eine unterschiedliche Bewertung von Konfliktsituationen die Rechtsordnung vereinheitlicht werden kann?

Vermutlich werden in dieser Situation die primären nicht-staatlichen Rechtsordnungen gestärkt werden.

Sofern sich diese Einschätzung als zutreffend erweisen sollte, ist nicht davon auszugehen, dass die chinesische Rechtsordnung formal vereinheitlicht wird. Eine übermäßige Gesetzesproduktion ist auf dem Ist-Stand bereits nicht mehr ausgeschlossen. Die Frage ist jedoch, inwieweit diese Gesetze einer rechtswissenschaftlichen Kommentierung zugeführt werden und ob sie überhaupt in der Tiefe der gesellschaftlichen Kommunikation durchzusetzen sind. Folglich wird sich eine Vielzahl von Rechtsentscheidungen wie ein Flickenteppich ausbreiten. Wir sollten darin aber keinen Nachteil sehen, da sie unterschiedlich wirtschaftliche, religiös ethnische und politische Einflüsse berücksichtigen. Eine Kompensation in wirtschaftlich starken Regionen wird daher deutlich höher ausfallen, als ein Nivellierungsstandard von sozialstaatlichen Regelungen und als ein Mindestmaß auf dem Gebiet des Nationalstaats oder für die gesamte Gesellschaft.

Für die zeitliche Orientierung hat das zur Folge, dass die Entscheidungen kurzfristig zu fällen sind. Das sekundäre und staatlich organisierte Rechtssystem wird sich seiner Ordnungsleistung dahin gehend entziehen, dass durch die Vermehrung der Rechtsnormen und Entscheidungsverfahren eine Überlastung eintritt, die durch eine innere Abstimmung nicht zu bewältigen ist. Das führt wiederum zu einer Stärkung des primären Rechtssystems und der Konfliktlösung in den sozialen Netzwerken. Im Hinblick auf die Regelung von Konflikten sind drei zeitliche Beobachtungen vorzunehmen:

1. Im primären Rechtssystem sind Entscheidungen im Rückblick auf die Vergangenheit und damit auf die Anpassung in der Gegenwart zu fällen.
2. Das bedarf einer kurz- bis mittelfristigen Entscheidungsfindung.
3. An das sekundäre Rechtssystem wird die Anforderung gestellt, unterschiedliche Veränderungen mit bestehenden Rechtsnormen und politischen Zielen unter einer Vielzahl von unterschiedlich Beteiligten abzustimmen.

Diese Anforderungen sind nicht zu harmonisieren. Es ist daher zu erwarten, dass die Entscheidungsfindung in die ferne Zukunft gelegt wird. Damit wird einhergehen, dass es keine übergreifende Vereinheitlichung der Rechtsentscheidungen geben wird. Die aus westlicher Sicht vorhandene Rechtsunsicherheit wird deshalb voraussichtlich weiter bestehen, da Konflikte aus dem Situationsbezug heraus entschieden werden. Das hat weitgehende Folgen für die Planung, da diese daraufhin abzustimmen ist und sich an der fehlenden rechtlichen Durchsetzung von Entscheidung zu orientieren hat.

Die weltpolitischen Handlungsoptionen sind für das politische Zentrum dahin gehend eingeschränkt, dass es hinter die bisher etablierten Erwartungserwartungen nicht zurückfallen kann. Das wäre dann zum Beispiel der Fall, wenn kollektive Ziele einen Investitionsschutz unterlaufen, zum Beispiel durch Enteignung, eine Kalkulierbarkeit in der wirtschaftspolitischen Ausrichtung, zum Beispiel eine Abkehr von der Marktorientierung, oder durch andere Faktoren den chinesischen Binnenmarkt gefährden. Insofern ist zwar nicht ohne Weiteres mit einer Angleichung an die westlichen Rechtssysteme zu rechnen, aber auch nicht mit einer Politik, die das unterläuft. Das begrenzt die weltpolitischen Optionen der chinesischen Außenpolitik, aber es schließt keine weltpolitische Rhetorik und Gestik aus.

Eine Durchsetzung des chinesischen Rechtsverständnisses auf globaler Ebene würde eine ebenso große Einflussgestaltung auf politischer und wirtschaftlicher Ebene erfordern, da das chinesische Rechtssystem dem politischen System untergeordnet ist. Eine solches System könnte nur ein nicht zu erwartender chinesischer Weltstaat leisten. Das ist mehr unwahrscheinlich. Eine chinesische Weltmacht hätte daher sein Rechtssystem zu modernisieren und eine Konfliktgestaltung zu erlauben, die hinter den westlichen und chinesischen Rechtssystemen nicht zurückfällt. Wie so etwas aussehen kann, ist nicht nachzuvollziehen.

Aus dieser Perspektive ist jedoch eine *chinesische Sozialstruktur* zu erkennen, die sich nicht an westliche Gesellschaften angleicht. Die Bindung zwischen den Mitgliedern der sozialen Gruppen erfolgt in der chinesischen Gesellschaft durch ihre Orientierung am wirtschaftlichen Erfolg. Er legt die Statusordnung fest. Darin ist die Anpassungsfähigkeit begründet und die Notwendigkeit kommunikative Anschlüsse an die erfolgreichen Mitglieder der Netzwerke zu suchen und zu halten. Das heißt aber, dass bei Veränderungen auch Mitglieder aus der Solidargemeinschaft des Netzwerks zu marginalisieren und auszuschließen sind, wenn sie keinen Erfolg mehr haben oder höhere Kosten verursachen. Insofern ist damit zu rechnen, dass Teile der Netzwerkmitglieder, die dem fortwährenden Anpassungsdruck nicht standhalten und verschlissen sind ebenso ausscheiden werden, wie die zukünftigen Modernisierungsverlierer. Die Folge davon ist, dass der Anstieg für die Mitgliedschaftsanforderungen in den Netzwerken höher wird und sich die Teilnahmebedingungen an sie verändern. Davon sind auch die Solidarbeziehungen betroffen. Die Bekanntschaften, die Familien, die Kollegen und die Freunde als Kern der Netzwerke werden sich bei ihrer Umstrukturierung und einer Neugestaltung nicht durchsetzen können, da sie die Aufwendungen für den solidarischen Ausgleich nicht erbringen können. Außerdem sind die daraus entstehenden Veränderungen zu verarbeiten und neue Lösungen dafür zu finden, wie die solidarische Kompensation außerhalb der bisherigen Netzwerke zu gestaltet ist. Es sind neue Grenzziehungen und Ausschlüsse vorzunehmen, die dann auch zu einer Veränderung in den Mitgliedschaftsrollen führen, wie zum Beispiel die Rolle des Freundes, des Ehemanns, der Ehefrau, des Onkels und der Kollegen. Diese neu gewonnenen Spielräume führen auch zu Entlastungen und zu anderen Handlungsspielräumen, da die Anschlussgestaltung für die eigene Karriere ausgewählter zu planen ist. Die möglichen Karrieren integrieren aber nicht in die gesellschaftliche Kommunikation. Sie können zudem nach oben oder nach unten führen. Die eigene Wohlstandsversorgung wird stärker in den Fokus der eigenen Interessen rücken und die Rückbindung in die alten Netzwerke wird abnehmen.

2.4   Neue Netzwerkintegration

Die durch die Modernisierung geschaffene Gemengelage führt zu neuen Herausforderungen der Um- und Anschlussgestaltung der Modernisierung seit den 1990er Jahren in der chinesischen Gesellschaft. Der strukturelle Aufbau des politischen Systems bewirkt, dass die Legitimation der Kommunistischen Partei Chinas von der Wohlstandsvermehrung abhängig sein wird. Diese Wohlstandsvermehrung kann unter den spezifischen Voraussetzungen in China aber nur bedeuten, dass Wohlstand für besondere Gruppen entsteht. Ein breites Wohlstaatsprogramm, wie es in der Bundesrepublik Deutschland seit den 1950er Jahren durchgeführt wurde, ist in China nicht umsetzbar. Daher wird sich die Anzahl der Modernisierungsgewinner, aber auch der Modernisierungsverlierer, erhöhen.

Der Graben zwischen den Gewinnern und Verlierern wird sich auch deshalb ver-
breitern, da die alten Solidaritäten verloren gehen und neue Solidaritäten hinzu-
kommen. Es ist schon aus der gegenwärtigen Perspektive zu erkennen, dass die
intellektuellen und politischen Eliten keine neue Gesellschaftsutopie entwickeln,
die der Musterplan für die politische Zielsetzung und ihrer wirtschaftlichen
Umsetzungen sein wird. Die politische Rhetorik von der harmonischen Gesellschaft, die vom politischen Zentrum ausgeht, dient nach dem kulturellen Ordnungsmodell der Chinesen dazu, die kollektive Identität der Chinesen in ihrer
Grenzziehung zu beschreiben, ohne die Konfliktlinien einzuebnen. Ein asymmet-
risches Verhältnis, wie das von Modernisierungsgewinnern und Modernisierungs-
verlierern, ist in der chinesischen Gesellschaft kein Widerspruch, da Asymmetrien
aus ihrer Sicht die soziale Ordnung erhalten.

Die Formen der solidarischen Integration der chinesischen Gesellschaft stehen
im Widerspruch zu den universaltischen Formen früherer Weltmächte, wie dem
Englischen Imperium des 19. Jahrhunderts, den Vereinigten Staaten von Amerika oder auch der Sowjetunion in der zweiten Hälfte des 20. Jahrhunderts, da sie
von einer kulturellen Orientierung ausgehen, die an eine Abstammungsherkunft
gebunden und damit ausgrenzend ist. Diese Form der solidarischen Integration
verhindert eine globale Einflussnahme und den Aufbau einer Weltmachtposition
in derart, dass sie nicht erweiterbar auf neue Einflussbereiche ist, wie zum Beispiel der American Way of Life. Für die Erlangung einer Weltmachtposition wäre
ein struktureller Umbau der solidarischen Integration erforderlich, der auch auf
andere Gesellschaft abzustimmen wäre.

Die Sozialkonstruktion als auch ihr kulturelles und politisches Programm veränderte sich in der Zwischenzeit von Mao Zedongs „Sozialismus mit Chinesischen Eigenschaften" zu dem gegenwärtigen politischen Programm, der Rhetorik
von „Chinas Traum", des „Wohlstands für Alle", einer „harmonischen Gesellschaft", des „Neuen Nationalismus" und dem „Peking Konsens" (Ramo 2004).

Wir sollten davon ausgehen, dass die Voraussage über die weitere Modernisierung der chinesischen Gesellschaft nicht von den Prämissen des Westens, aber auch
nicht von der normativen Sicht über die Zukunft der chinesischen Gesellschaft des
politischen Zentrums, vorzunehmen sind. Eine normative Perspektive, welche die
chinesischen Sozialstruktur nicht berücksichtigt, übersieht die besonderen Bedingun-
gen der weiteren Modernisierung. Die hypothetische Vorhersage von Chinas Zukunft
hat die strukturellen Gesichtspunkte der chinesischen Gesellschaft und das soziale
Ordnungsmodell des politischen Zentrums als Voraussetzungen zu berücksichtigen.

Die Selbstbeschreibung als eine „harmonische Gesellschaft" ohne die Institutionalisierung der „westlichen konstitutiven Demokratie" ist ihrerseits eine Legitimation des politischen Zentrums für die weitere Innovierung der Sozialstruktur.

Es ist dabei im Blick zu behalten, dass die sogenannte „harmonische Gesellschaft" kein westliches individualistisches Inklusionsprogramm ist. Das ist einer der wesentlichen Unterschiede im Vergleich zur westlichen Sozialkonstruktion, ihrem kulturellen und politischen Programm und den geschichtlichen Pfaden der westlichen Modernisierung.

Die erfolgreiche Modernisierung Chinas folgte nicht einem Masterplan und war nicht von der „Kommunistischen Partei Chinas" im Allgemeinen gesteuert. Die chinesische Modernisierung ist nicht durch bürgerliche, noch durch wirtschaftliche soziale Bewegungen ausgelöst worden, sondern sie wurde durch eine fortlaufende Öffnung der Planwirtschaft durch das politische Zentrum eingeleitet. Insofern sollten wir davon ausgehen, dass für die weitere Modernisierung der chinesischen Gesellschaft zu berücksichtigen ist:

1. Der Austausch zwischen dem politischen System und dem Wirtschaftssystem als auch im Fortgang der Austausch zwischen dem Wirtschafts- und dem Wissenschaftssystem.
2. Die weitere Integration in die transnationale (globale) Wirtschaft und
3. die Absprachen mit den Nationalstaaten und Organisationen des internationalen politischen Systems als unerlässlich für den Erfolg der weiteren Modernisierung.

Davon ist auch die solidarische Integration betroffen, da die weitere erfolgreiche Modernisierung kein einheitliches Wohlstandsniveau zur Folge haben wird. Dies ist für die Einschätzung von Weltmachtambitionen informativ, da nicht damit zu rechnen ist, dass sich die chinesische Gesellschaft nach Innen homogenisiert und einen sozialen Ausgleich institutionalisieren wird.

Die Zukunftsanforderung an die solidarische Integration stellt sich dahin gehend, was in der Situation eintritt, wenn das Wachstum nicht mehr durch Netzwerke verteilt werden kann. Das heißt, durch eine länger anhaltende wirtschaftliche Krise setzt eine Schrumpfung ein und es stehen nicht mehr die für die Umverteilung benötigten Ressourcen zur Verfügung. Das wird eine Umgestaltung der Netzwerke und ihrer Möglichkeiten einleiten. Wenn die Ressourcen knapp sind und es nichts mehr zu verteilten gibt, brechen die Verbindungen und Solidargemeinschaften der Netzwerke auseinander. Das kann zum Beispiel dann eintreten, wenn die Zukunftsinvestitionen in die Bildung der Familienmitglieder nicht zu einer wirtschaftlich guten Einstellung und damit zum Beitritt in das Wirtschaftssystem führen. Das mag im Unterschied zu westlichen Einschätzungen aber nicht in Unruhen oder Umsturzbewegungen enden. Es ist nicht zu erwarten, dass möglicher Protest sich auch politisch organisieren und alternative Programme anbieten würde.

Daraus sollten wir aber nicht folgern, dass die chinesische Gesellschaft zerbricht oder dass langfristig eine Humankapitalindividualismus westlichen Zuschnitts zu erwarten ist. Auch dann, wenn die Chance besteht, zum Beispiel Eigentum zu erwerben, wohlhabend zu sein, sich professionell zu qualifizieren oder Auslandsaufenthalte wahrzunehmen, so wird man auf die in der Vergangenheit bewährten Problemlösungen zurückgreifen. Es werden Netzwerke unter anderen Voraussetzungen geknüpft. Ein lehrreiches Beispiel sind dafür die Auslandschinesen und ihre Rückbindung an ihre Herkunftsgesellschaft. Wir sollten davon auszugehen, dass partikulare gegenüber zentralen Lösungen vorgezogen werden. Es wird neue soziale Gruppen und neue Modernisierungsgewinner geben, welche die kulturelle und soziale Identifikation mit der Bindung an ihren Erfolg und die damit einhergehende Wertschätzung aufrechterhalten. Von Generation zu Generation werden sie eine besondere chinesische Erfolgsgeschichte erzählen.

Die chinesische Gesellschaft als eine Weltmacht hätte ihre Selbstbeschreibung und die chinesische Sozialkonstruktion strukturell umzugestalten. Davon betroffen ist nicht nur die Sozialordnung, die Kommunikation, sondern auch die Formen sozialer Integration und Solidarität. Diese weitreichenden Umgestaltung erscheint aus gegenwärtiger Perspektive für die chinesische Gesellschaft als nicht erstrebenswert. An der chinesischen Modernisierung ist zu erkennen, dass sie kein Modell für eine globale Moderne liefert und auch nicht als eine Orientierung für eine Weltgesellschaft stehen kann. Das schmälert aber auch nicht den Erfolg der chinesischen Modernisierung, sondern legt ihre Struktur und Anschlussbedingungen offen. Insofern ist zu erwarten, dass die chinesische Gesellschaft sich weiterhin auf sich selbst beziehen wird. Der daraus entstehende Einfluss auf andere Gesellschaften sowie politische, wirtschaftliche, rechtliche, wissenschaftliche und kulturelle Zentren wird anders ausfallen als unter der Einflussnahme einer Weltmacht.

Ohnmächtige Weltmacht

3

3.1 Wohlstand und seine Folgen

Für den Fall, dass die chinesische Gesellschaft eine zukünftige Weltmacht sein möchte, so hat sie sich auch die Frage zu stellen, wie sich in der chinesischen Gesellschaft im Fortgang die Solidargemeinschaften gestalten. Aus der geschichtlichen Perspektive wurde bis zum Ende der Manschu-Dynastie ein Umbau der Gesellschaft vermieden, da sie die etablierte Statusordnung gefährdet hätte. Durch die nationalistischen sozialen Bewegungen der Guomindang und der Kommunistischen Partei wurden die traditionelle Statusordnung und Schichtung aufgelöst. Auch die nationalistische Guomindang Chiang Kai-sheks hatte antitraditionalistisch Orientierung. Sie wendet sich gegen die Traditionsordnung des alten Chinas. Er sympathisierte mit dem deutschen Modernisierungsmodell und Nationalstaat nach der Reichgründung 1871. An die Stelle der traditionellen Statusordnung trat nach 1949 die Kaderordnung der Kommunistischen Partei. Sie wurde in der Kulturrevolution wiederum durch ein maoistisch jakobinisches Programm umgestaltet. Durch die Modernisierung seit den 1990er Jahren sind jedoch neue soziale Trägerschichten entstanden, die Zugang zu wirtschaftlichen Ressourcen durch ausländische Investoren hatten und die politisch abgesichert waren. In China gibt es keine institutionalisierte Solidargemeinschaft in der Form des Sozialstaates. Die solidarische Hilfe wird über Netzwerke erbracht und geregelt.

Die Selbstbezogenheit und die Sozialstruktur der chinesischen Gesellschaft mit ihrer Selbstbeschreibung basiert auf Abgrenzungen. Letztlich führt sie auf eine ethnische Abstammungsgemeinschaft mit bestimmten Strukturmerkmalen

© Springer Fachmedien Wiesbaden 2017   35
G. Preyer und R. Krauße, *Ohnmächtige Weltmacht China*, essentials,
DOI 10.1007/978-3-658-15527-8_3

zurück, die sich nicht verallgemeinern lässt. Insofern besteht in den Selbstbeschreibungen kein verallgemeinerndes Prinzip, wie zum Beispiel der politischen Integration der *grand nation* in Frankreich oder dem *American Way of Life* in den Vereinigten Staaten von Amerika. Damit ist für die Ausbreitung über die politischen und ethnischen Grenzen hinweg Einschränken in der Handlungsgestaltung gesetzt. Das trifft auch schon für die politische Stellung in Asien zu.

Entgegen den verbreiteten Vermutungen von Soziologen, Politologen und westlichen Politikern läuft die Veränderung in China nicht darauf hinaus, dass aus dem Anwachsen der Unterschiede eine neue demokratische Revolution weder mittel- noch langfristig hervorgeht. Das schließt es aber nicht aus, dass die Auseinandersetzungen zwischen den Gruppen mittelfristig ansteigen und sich auch ausweiten können. Zugleich wächst aber auch die Intoleranz der Beobachter in der chinesischen Gesellschaft für solche Konflikte. Sie werden sich zurückziehen und die Vorgänge ignorieren oder sich im Grenzfall in selbst gewählte Gettos abschotten.

Es fällt auf, dass die chinesische Außen- und die Wirtschaftspolitik von dem größten Teil der chinesischen Bevölkerung nicht in Frage gestellt wird. Es lässt sich so ohne Weiteres nicht die Frage beantworten:

- Wie das politische System aus der Sicht der Chinesen modernisiert werden sollte?
- Interessanter ist die Frage:
- Worin seine Stabilität besteht und ob sie auch in Zukunft bestehen bleibt?
- Das verweist aber auf das grundsätzliche Problem des politischen Systems Chinas:
- Wie viel ungleichzeitige Entwicklung einzelner Regionen die politische Ordnung absorbieren kann?
- Vermutlich erklärt sich daraus auch der zunehmende Nationalismus.

Vermutlich besteht die Angst der Chinesen im Hinblick auf die Organisation des politischen Systems in etwas ganz anderem. Es stellt sich für sie nicht die Frage, dass die fortlaufende wirtschaftliche Verbesserung ihrer Lebenslage durch eine Demokratie westlichen Zuschnitts zu vervollständigen ist. Zu ihren Traumata gehört in der Geschichte des letzten Jahrhunderts die Zeit zwischen 1915–1925 in der die chinesische Gesellschaft zersplittert war und in einzelnen Regionen Warlords herrschten. Diese Zeit ist deshalb so gefürchtet, da die Warlords ein entgrenztes Regime führten. Sie erhoben willkürlich hohe Steuern, welche die Bevölkerung nicht aufbringen konnte. War diese Ressource erschöpft, so plünderten sie. Insofern bedeuteten diese Jahre eine Zeit von hoher Instabilität, Willkür und Unsicherheit. Wir verstehen die Rolle der Kommunistischen Partei nur dann, wenn wir berücksichtigen, dass sie dazu beiträgt, dass sich eine solche Situation nicht wiederholt und China nicht in einzelne Regionen ohne eine einheitliche politische Organisation zerfällt. Das würde das Ende Chinas als neue Weltmacht bedeuten. Die kollektiven Traumata der chinesischen Geschichte werden die Legendenbildung der großen Metaerzählungen der chinesischen Kultur und der kollektiven Identität der Chinesen weiter begünstigen. Sie dienen als Orientierung im Sinne einer Abgrenzung nach außen, der Überzeugung, dass Ordnung dem Chaos und eingebundene Autonomie der Fremdbestimmung vorzuziehen sind. Die Einsicht dahinter wird gesellschaftlich weitgehend geteilt. Aus ihr folgen, dass dem Gruppen- und Kollektivinteresse ein Vorrang einzuräumen ist und nicht mit der individuellen Handlungsausgestaltung im Widerspruch steht. Das begünstigt die Sicht, dass die globale wirtschaftliche Einbindung mehr Optionen liefert als die Abgrenzung. Das gilt gerade auch dann, wenn es den Chinesen nicht leicht fällt, Abstimmung mit und Anschluss an Andere zu suchen, zum Beispiel der westlichen und der afrikanischen Welt.

Diese kollektive Erfahrung, dass auch eine schlechte Ordnung einem ungeordneten Zustand mit all seinen Verwerfungen zu bevorzugen ist, wird in Zukunft etwas an Bindungskraft verlieren. Dennoch ist nicht mit einer grundsätzlichen Abkehr zurechnen. Deshalb ist eine kollektive Einstellung oder auch eine breite soziale Bewegung wenig wahrscheinlich, die einer revolutionäre Grundeinstellung im Sinne von ‚Alles muss neu oder umgestaltet werden‘ folgt. Für die fortgesetzte Modernisierung in der chinesischen Gesellschaft ist daher nicht mit einem Umbau zu einem generalisierte Solidaritäts- oder Rechtsprogramm zu rechnen. Im Hinblick auf die weltpolitische Gestaltung der solidarischen Integration bleibt deshalb die Differenz zu der westlichen Modernisierung bestehen. Daraus ist nicht zu folgern, dass deshalb für die chinesische Gesellschaft ein Nachteil entsteht. Für die weltpolitische Interessenverfolgung immer einen Vorrang haben wird.

3.2   Nach dem Wirtschaftswunder

Wie kann China in Zukunft das wirtschaftliche Stagnieren vermeiden oder sogar das Schrumpfen verkraften und zugleich seinen Wohlstand vermehren?

Die Wohlstandsvermehrung, von der das politische System in China abhängig ist, stellt das Wirtschaftssystem vor zusätzlichen Herausforderungen. Sie bestehen darin, dass unabhängig von der wirtschaftlichen Situation auf globaler oder staatlicher Ebene zusätzliche Ressourcen zu bilden sind. Das schränkt die Optionen für Handlungen und Planungen ein, da sie das Sparen oder das Reduzieren von Ausgaben ausschließen. Ferner führt es zu einer besonderen Anfälligkeit in Krisen, die Schrumpfungen, die Reorganisation und damit die Freisetzung von Ressourcen erfordern, die dann nicht mehr der Wohlstandsmehrung hinzugefügt werden können und sogar einen Wohlstandsabbau mit sich bringen können.

Die Eliten im Wirtschafts- und politischen System Chinas werden sich in den nächsten Jahren weiter umschichten. Die Netzwerke zwischen diesen beiden Gruppen sind derart strukturiert, dass sie aufeinander angewiesen sind. Dies wird sich in den nächsten Generationen so ohne weiteres nicht ändern. Verstärkt wird dieser Vorgang durch den chinesischen Nationalismus. Der gegenseitige Nutzen, der durch diese Verflechtung zwischen dem politischen und dem Wirtschaftssystem besteht, sollte aber nicht dahin gehend missverstanden werden, dass eine personelle Abhängigkeit vorliegt. Es ist vielmehr von einer strukturellen Abhängigkeit auszugehen, die durch die Funktion des Wirtschafts- und des politischen Systems zu erklären ist. Die Zukunftsanforderung in der sozialen Dimension des Wirtschaftssystems besteht somit darin, wie sich Netzwerke im Wirtschaftssystem selbst und in ihrer Verknüpfung mit dem politischen System erhalten. Diese Netzwerke sind keine monolithischen Blöcke im Sinne von Klassen oder herrschenden Gruppen, sondern veränderbare Beziehungsnetzwerke, die sich über einen bestimmten Austausch und entsprechende Kommunikationseigenschaften bilden. Damit wird in der Gegenwart jeweils neu über Eintritt oder Verbleib im Netzwerk zu entscheiden sein.

Durch die umfangreichere Einbindung der chinesischen Wirtschaft in das globale und regional differenziert Wirtschaftssystem werden sich auch die binnenwirtschaftlichen Austauschprozesse der chinesischen Wirtschaft verändern. Das betrifft auch das westliche Interesse am chinesischen Finanzmarkt. Es ist zwar nicht damit zu rechnen, dass er sich schnell gegenüber dem globalen Finanzmarkt öffnet, aber der Zugang zu ihm wird erleichtert werden. Für die Binnenstruktur der chinesischen Wirtschaft ist damit ein Anstieg des Wettbewerbs um externe Ressourcen zu erwarten. Das zentrale Problem des chinesischen Wirtschaftssystems wird in Zukunft die Ressourcenbeschaffung sein. Das wird auch damit einhergehen, dass eine neue ökologische Sensibilität und ein Schub in die Investition von ökologiefreundlichen Technologien eintreten. Zugespitzt lässt sich das Problem der Zukunftsanforderung in sachlicher Hinsicht mit der Frage auf den Punkt bringen:

- Wie lässt sich der Ressourcengewinn und die Ressourcennutzung bei der Verknappung oder Schrumpfung der Ressourcen erreichen?
- Das betrifft nicht nur die ökologischen Ressourcen, sondern in einem größeren Wettbewerb auch den Kampf um finanzielle Ressourcen, Innovation und Zeitgewinn.

Mit dem fortlaufenden Einschluss in das globale und regional differenzierte Wirtschaftssystem stellt sich für die wirtschaftliche Kommunikation das Problem eines neuen Zeittakts. Die Abstimmung wird sich so ohne Weiteres nicht einstellen. Das hat zur Folge, dass die Zeiten des chinesischen Wirtschaftssystems nicht auf die Veränderungen der Konjunktur-, der Branchen- sowie der regionalen Zyklen abzustimmen sind. Auch eine Anpassung der wirtschaftlichen Zeitzyklen mit dem politischen System ist nicht in Einklang zu bringen. Die Herausforderung stellt sich nun dahin gehend, wie die zeitlichen Brüche zu verarbeiten sind. Das betrifft auch die Anpassung und den Verlust von Reaktionszeit gegenüber dem globalen Wirtschaftssystem. Es ist nicht ausreichend auf die Trends im globalen Wirtschaftssystem in einer kurzen Zeitspanne zu reagieren, auch wenn das keine einfache Aufgabe ist. Ein effektiver Zeitgewinn kann erst dann erfolgen, wenn die entsprechenden Trends von chinesischer Seite aus gesetzt werden.

Die Informationsverarbeitung von den eintretenden Trends gelingt nur dann, sofern sie auf kurzen Wegen erfolgt und der Spielraum besteht, auch Ressourcen zusammenzulegen. Darin besteht die Stärke von formalen Organisationen, die durch chinesische Netzwerke zu begünstigen ist. Die Anforderung für das chinesische Wirtschaftssystem wird somit darin bestehen, einerseits die Abstimmungswege zu verkürzen, aber auch andererseits mehr Ressourcen zusammenzulegen. Dadurch tritt eine Spannung ein, da die beiden Punkte entgegengesetzt wirken. Das führt in China zu dem besonderen Problem, da die politischen Netzwerke in den Abstimmungsvorgang mit einzubeziehen sind. Das sollte man aber nicht nur als einen Nachteil interpretieren, da sich die Wirtschafts- und die politischen Eliten dadurch leichter abstimmen können. Oft gelingt es deshalb auch schneller zu entscheiden, da ein aufwendiger Abstimmungsprozess entfällt.

Auf dem Ist-Stand des Jahres 2016 ist erkennbar, dass die chinesische Wirtschaftspolitik einen weiteren Schritt der Deregulierung einleitet. Damit wird die Weiche für die langfristige Modernisierung gestellt. Das gilt unabhängig davon, wie schnell sie mittelfristig durchgeführt wird. Das betrifft die Staatskonzerne und die staatseigenen Banken, die diese Konzerne finanzieren. Wir sollten damit rechnen, dass eine schrittweise weitere Öffnung der Wirtschaft im Hinblick auf private Unternehmen und den Abbau von Handelsbarrieren stattfindet. Insofern wird auch die nach wie vor bestehende Ungleichbehandlung von ausländischen gegenüber chinesischen Unternehmen weniger dramatisch ausfallen. Aus der innerchinesischen Sicht ist das dadurch zu erklären, dass die wirtschaftlichen Interessen der politischen Elite bereits viel zu stark von einem weiteren Innovationsschub des Wirtschaftssystems abhängig sind. Mit der weiteren Öffnung des chinesischen Wirtschaftssystems sind aber auch mehr Handelskonflikte zu erwarten, die sich daraus nahezu zwangsläufig einstellen. Davon ist auch die Beziehung

zu den Vereinigten Staaten von Amerika betroffen. Diesbezüglich sollten wir
von konfliktreichen Beziehungen zwischen beiden Ländern ausgehen. Das ist
auch deshalb zu erwarten, da die Vereinigten Staaten den Pazifikbereich geopo-
litisch im Hinblick auf ihre wirtschaftlichen und politischen Interessen als Ein-
flussbereich beanspruchen. Das bezieht sich aber auch auf die Konflikte mit den
Anrainerstaaten, wie zum Beispiel die Grenzkonflikte um die Ressourcen im chinesischen Meer.

Die Innovation, organisationelle Restrukturierung der Unternehmen und
ihre weitere Privatisierung sowie die fortlaufende Eingliederung in das globale
Wirtschaftssystem sind die Problemfelder, von denen die gesamte chinesische
Gesellschaft in Zukunft betroffen sein wird. Dabei sind die Unternehmensor-
ganisationen so umzubauen, dass sie eine Leistungssteigerung erreichen und
zugleich Ressourcen einsparen. Als langfristiger Entwicklungspfad zeichnet sich
ab, dass nicht mehr breite Bevölkerungsschichten, so wie in der Vergangenheit,
vom wirtschaftlichen Erfolg profitieren können. Die Folge wird davon sein, dass
von dem weiteren wirtschaftlichen Wachstum besondere Gruppen bevorteilt sind,
die den wirtschaftlichen Gewinn über Netzwerke verteilen und sich entsprechend
den wirtschaftlichen Trends reorganisieren. Das chinesische Wirtschaftssystem
hat sich in der Folge der weiteren Integration in das globale Wirtschaftssystem
zu innovieren, ohne das ein Endzustand zu erreichen ist. Das erfordert die fort-
dauernde Innovation und Reorganisation. Insofern kommt zur ersten Moderni-
sierungsphase der wirtschaftlichen Modernisierung, in der es galt Technologie
und Investitionen zu erzielen, eine weitere Anforderung hinzu. Sie besteht in der
fortlaufenden Modernisierung und dem Umbau von Zentral- und Westchina, aber
auch in der Etablierung einer innovativen Wirtschaft (Reorganisation) in den chinesischen Küstenprovinzen.

Es ist bereits erkennbar, dass die Verbindung zwischen dem politischen Zentrum und dem Wirtschaftssystem in Zukunft zu gestalten sein wird. Das betrifft
die unterschiedlichen Ziele, die sich aus den beiden Bereichen ergeben. Für das
politische Zentrum gilt es die außenpolitischen Grenzen zu sichern. Darin ein-
geschlossen ist auch die Gestaltung der Einflusssphären in Ostasien und Süd-
ostasien und damit in Abgrenzung zu Japan und den Vereinigten Staaten von
Amerika. Das Wirtschaftssystem orientiert sich an einer Nutzensteigerung, die in
Wechselwirkung zum globalen Wirtschaftssystem und ihren Märkten steht. Es ist
fraglich, inwieweit daraus Zielkonflikte oder Synergien in Zukunft folgen. Eine
Einschränkung der weltpolitischen Handlungsgestaltung besteht darin, dass sie
internationalen Einfluss auf der politischen Ebene nicht zu Lasten des wirtschaftlichen Nutzens gehen darf.

Modernisierung ohne Harmonie   4

4.1 Selbstirritation und neue Konfliktlinien

Es ist im Blick zu behalten, dass man eine wertfreie Einstellung gegenüber diesen Herausforderungen der weiteren Modernisierung der chinesischen Gesellschaft einnehmen sollte, um zu erkennen, welche Probleme sich ihr fortlaufend stellen. Das gilt unabhängig davon, von welchem Beobachtungsstandpunkt man sie beschreibt. Sie ergeben sich aus dem anderen Entwicklungspfad der chinesischen Modernisierung und einem sozio-kulturellen Hintergrund, der dem Mitglied der westlichen Gesellschaft nicht vertraut ist. Deshalb stellen sich andere Folgeprobleme, als wir sie aus den westlichen Gesellschaften kennen. Das kristallisiert sich zum Beispiel an der Frage nach einer sozialen Ordnung im Sinne einer Inklusion sozialer Gruppen durch die Teilhabe an der kulturellen, politischen und sozialen Staatsbürgerschaft. Die Antwort auf die Frage wird im Hinblick auf die Mitgliedschaftsordnung der chinesischen Gesellschaft ausfallen, das heißt, es sind Problemlösungen erkennbar, die in westlichen Gesellschaften so nicht vorliegen und auch im Westen nicht anwendbar sind. Wer mit Chinesen in Entscheidungs- und Kooperationsverläufe eintritt, sollte diesen Hintergrund berücksichtigen. Denn nur so lassen sich die Folgen der Entscheidung einschätzen, die auf den davon Betroffenen zukommen.

Es ist aber noch auf einen anderen Gesichtspunkt aus dem Blickwinkel der soziologischen Theorie hinzuweisen. Angesprochen ist damit das „Immunsystem" der gesellschaftlichen Kommunikation (Luhmann 1984, S. 488–550). Soziale Systeme reproduzieren sich in der Zeitdimension über Negationen, die ihnen wiederum nicht zur Disposition stehen. Sie können zum Beispiel vergessen, aber nicht

© Springer Fachmedien Wiesbaden 2017   41
G. Preyer und R. Krauße, *Ohnmächtige Weltmacht China*, essentials,
DOI 10.1007/978-3-658-15527-8_4

ungeschehen machen. Das gibt der Konflikttheorie ein neues Profil. Gerade in der negativen Vergesellschaftung (Simmel) tritt eine Fixierung der Teilnehmer ein, der sie sich nicht entziehen können. Die Negation, sei es zum Beispiel Protest, Unruhe, wirtschaftliche Verwerfungen, Kritik, territoriale Abgrenzungen und Schutzmaßnahmen, Feindschaft und Brüche in der gesellschaftlichen Kommunikation integrieren durch das *Nein*. Sie haben die Funktion soziale Systeme für die Reproduktion ihrer Mitgliedschaftsbedingungen und Strukturen mit der den erforderlichen Instabilitäten zu versorgen und sie mit ihrer Selbstbeobachtung konfrontieren.

Es ist davon auszugehen, dass sich durch die Modernisierung an die chinesische Gesellschaft neue Anforderungen stellen, die nicht kurz- bis mittelfristig zu bewältigen sind, sondern auch Immunereignisse sind, durch die sie die Chance hat zu lernen, aber auch zu scheitern. Das betrifft die langfristigen Zukunftsanforderungen des besonderen Entwicklungspfads der chinesischen Modernisierung im Hinblick darauf, dass eine strukturelle Differenzierung zwischen dem Wirtschafts- und dem politischen System nicht vorgenommen wurde bzw. nicht eingetreten ist. Angesprochen sind dabei strukturelle Innovationsprobleme, die zum Beispiel nicht im Wirtschaftssystem in eigener Regie gelöst werden können.

Die gegenwärtige Zukunft der chinesischen Gesellschaft hat weitereichende Problemstellungen zu lösen, welche den westlichen Gesellschaften in diesem Ausmaß unbekannt sind. Die zukünftige Gegenwart können wir jedoch nicht erkennen. Jede Gegenwart hat zudem ihren eigenen differenziellen Vergangenheits- und Zukunftshorizont. Insofern stellt sich zwangsläufig in der Zeitdimension der gesellschaftlichen Kommunikation das Anschlussproblem und das Problem der Anschlussrationalität. Es gibt keinen Beobachter der einen Standpunkt außerhalb der Zeit einnehmen kann. Vor diesem Hintergrund ist eine künftige Rolle im globalisierten und nach Regionen differenzierte Wirtschaftssystem und im internationalen politischen System aus zu betrachten. Das politische System hat die Stabilität nach Innen und damit die ansteigenden Irritationen zu bewältigen. Dazu ist eine Fortführung der Allianz mit dem Wirtschaftssystem und der internationalen Interessenverfolgung der chinesischen Wirtschaft anzunehmen. Eine machtpolitische Interessenverfolgung, die auf eine Stärkung der kollektiven Identität abzielt, ist unwahrscheinlich, da die Folgen unabsehbar wären. Auch wenn die Niederlagen der Chinesen in den Konflikten mit den westlichen Gesellschaften im 19. Jahrhundert oder auch gegenüber Japan und Russland im 20. Jahrhundert als Schmach der kollektiven Identität empfunden werden, gefährden Ausgleichspolitiken, wie sie Russland im Jahr 2014 unter Beweis gestellt haben, mehr als sie einbringen. Das politische System wird sich fortwährend an einer Moderation orientieren, indem es günstige Rahmenbedingungen für die Wirtschaft setzt, aber auch konsequent eingreifen wird, wenn Irritationen, das politische System selbst in Frage stellen.

- Welche Zukunft ist zu erwarten, wenn man sie durch den Blickwinkel der Vergangenheit beschreibt?
- Die Festlegung auf eine fiktive Kontinuität beinhaltet auch immer eine Einschränkung, da man sich auf Veränderungen nur teilweise und unter bestimmten Voraussetzungen einlassen kann. Mit der Modernisierung der chinesischen Gesellschaft ist eine Gesamtsituation eingetreten, die weder Vergleichspunkte in der chinesischen Vergangenheit hat, noch übertragbare Problemlösungen bereitstellt. Ohne auf eine Utopie zurückzugreifen, kann die Lösung für die kollektive Selbstbeschreibung nur darin bestehen, dass die Vergangenheit abstrakter und symbolischer beschrieben wird. Sie verliert damit aber auch ihre Orientierung in sich fortlaufend veränderten Situationen, sei es in der Politik, der Wirtschaft oder der Wissenschaft. Insofern stellt sich auch ein Kreativitätsproblem. Der Fluchtpunkt könnte in dieser Situation die Erzählung des Mythos der Einmaligkeit der chinesischen Kultur sein, die bei zunehmenden Fremdeinflüssen noch mehr verklärt wird. Die Verklärung erlaubt eine Abgehobenheit von den Alltagsproblemen. Sie greift insofern nicht direkt in die auch konfliktreiche Gestaltung der auf China zukommenden ein, zum Beispiel die zu erwartenden wirtschaftlichen und ökologischen Probleme. Sie ist aber immer wieder situativ inszenierbar.
- Warum sollten wir für die weitere Modernisierung Chinas keine „harmonische Gesellschaft" erwarten und warum ist das nicht der richtige Problembezug für die Analyse der weiteren chinesischen Modernisierung?
- Die erwähnten Herausforderungen werden voraussichtlich Konflikte bei dem sozialen Austausch der Teilsysteme und ihren Interessengruppen auslösen. Vier Problemfelder sind dabei hervorzuheben, denen jeweils ein *Hauptkonflikt* und damit einhergehende *Selbstirritationen* zuzuordnen sind.

1. Ein weiteres *wirtschaftliches Wachstum* und damit einhergehend ein größerer Wohlstand durch die Erweiterung der Verbrauchernachfrage, ist vermutlich eine Herausforderung des politischen Systems, da das politische System mehr Ressourcen als Gewährleistung für das wirtschaftliche Wachstum zu bilden hat, die unabhängig von der Stabilität bzw. Instabilität der wirtschaftlichen Situation sind. Dies ist eine Begrenzung der Optionen und der Planung, da das politische Programm einen Sparkurs und eine Kostenreduzierung ausschließt. Daher ist es auch durchaus zu erwarten, dass in einer Wirtschaftskrise eine Einschränkung der Wohlstandsmaßnahmen und auch ein Rückgang des Wohlstandes eintreten wird, da die Bewältigung solcher Wirtschaftskrisen die Freisetzung von Ressourcen erfordert.

- Der damit einhergehende *Hauptkonflikt* besteht darin, dass das politische System in Zukunft keinen allgemeinen Wohlstand gewährleisten kann. Es werden deshalb diesbezüglich fortlaufende Selbstirritationen eintreten, die das politische Zentrum nicht steuern kann.
- Eine weitere Herausforderung der fortlaufenden Modernisierung ist in der Frage zusammenzufassen:
- Wie lässt sich der Ressourcengewinn und die Ressourcennutzung bei ihrer Verknappung oder Schrumpfung erreichen?
- Das betrifft nicht nur die ökologischen Ressourcen, sondern in einem stärkeren Wettbewerb auch den Kampf um finanzielle Ressourcen, Innovation und Zeitgewinn.
- Der daran zu erkennende *Hauptkonflikt* ist, dass der mögliche Erfolg der weiteren Modernisierung wirtschaftlich ungewiss ist und kann nicht geplant werden kann. Diese nicht zu beseitigende Selbstirritation wird durch die typisch chinesische situativ adaptive Steuerung nicht so ohne weiteres zu beseitigen bzw. zu neutralisieren sein.
- Auf dem Stand von 2016 ist erkennbar, dass die chinesische Wirtschaftspolitik weitere Deregulierungen durchführen wird. Das ist der Programmschwerpunkt für eine langfristige Modernisierung.
- Das Programm sieht eine weitere Deregulierung der Staatsunternehmen und der Staatsbanken vor, welche die Wirtschaftsunternehmen finanzieren. Wir sollten eine weitere mehr oder weniger große Marktöffnung im Hinblick auf die Zulassung von Privatunternehmen und die Beseitigung von Handelsbarrieren für ausländische Investoren erwarten.

2. Dieses Entwicklungsprogramm wird einen weiteren *Hauptkonflikt* und *Selbstirritation* auslösen. Wenn wir davon ausgehen, dass der nächste Modernisierungsschritt sich an dem Programm der weiteren Deregulierung orientiert, so ist ein Konflikt zwischen der *chinesischen Sozialkonstruktion* und dem *politischen Programm* mit den ‚neuen' Ansprüchen einer großen Anzahl der betroffenen Chinesen sowie den westlichen Kooperationspartnern zu erwarten. Diese Selbstirritation wird fortlaufend Verteilungskämpfe und Proteste auslösen, deren Regelung nicht absehbar ist.
3. Es ist zudem das mehr allgemeine Problem der *Wanderung* der chinesischen Bevölkerung mit dem nächsten Schritt der chinesischen Modernisierung zu erwähnen. Es ist zu erwarten, dass in den nächsten Jahren eine weitere Wanderungswelle von den ländlichen in die städtischen Bereiche eintritt. Es wird angenommen, dass in der Vergangenheit zwischen 130–250 Mio. Chinesen von den ländlichen in die städtischen Bereiche abgewandert sind.

– Durch diese Wanderungen ist mit einem weiteren *Hauptkonflikt* und einer *Selbstirritation* zu rechnen. Die Wanderungen werden nicht nur das Problem zu lösen haben, für diesen Bevölkerungsteil eine Beschäftigung und eine Wohnstatt zu finden, sondern es werden sich dadurch auch die sozialen Beziehungen ändern, die wahrscheinlich nicht mehr mit den traditional verfassten sozialen Systemen zu bewältigen sein werden, zum Beispiel des Verwandtschaftssystems und der organisierten Kollektive nach sozialistischem Vorbild. Vermutlich wird durch die dadurch eintretende Selbstirritation kein wohlfahrtsstaatliches Zweckprogramm institutionalisiert, sondern die Indifferenzen der prestigereichen Gruppen werden sich verstärken, ohne dass dadurch ein Zerfall der chinesischen Gesellschaft eintreten wird.

4. Es ist aber auch die Konfliktlinie mit *Chinas Nachbarn* zu erwähnen. Seit 2008 hat sich die Situation wesentlich verschärft. Das betrifft nicht nur Taiwan, sondern auch die anderen angrenzenden Staaten. Der Interessenkonflikt um die Hoheit im Chinesischen Meer kann durchaus auch in eine gefährliche Situation einmünden, die militärische Operationen von Seiten der Vereinigten Staaten und Japan nicht ausschließt. Informativ ist es, dass Japan 2016 ein Sondergesetz erlassen hat, dass es ihm erlaubt, auch an militärischen Koalitionen teilzunehmen, die nicht den Verteidigungsfall betreffen. Es ist dabei auch im Blick zu behalten, dass die Chinesen in den angrenzenden Staaten nicht beliebt sind. Sie korrumpieren die nationalen Eliten und nehmen große Teile der Bevölkerung durch ihre rücksichtslose Interessenverfolgung gegen sich ein.

– Man hat sich immer die Frage zu stellen „Wann fängt der Krieg an?". Kriege haben meistens eine Vorgeschichte und sind nicht von ihren vordergründigen Anlässen her zu interpretieren. Chinas Konfrontationsstrategie im Südchinesischen Meer könnte durchaus auch ein Symptom für innere Modernisierungsprobleme sein, die das politische Zentrum durch die Strategie „Abgrenzung nach außen und dadurch Stabilität nach innen" auszugleichen versucht. Vor allem die chinesische Propaganda und auch das Selbstverständnis der politischen Eliten geht dahin, dass zum Beispiel Taiwan, aber historisch auch das Chinesische Meer, zu China gehört und es nur eine Frage der Zeit ist, wann der Anschluss erfolgt. Die Taiwanesen haben diesbezüglich eine andere Einschätzung. Zudem hat sich seit 2015 die Situation der Abgrenzungspolitik Taiwans von China wesentlich verstärkt. Man sollte sich aber auch im darüber im Klaren sein, dass der Westen, Japan und die Anliegerstaaten das Chinesische Meer nicht durch China sperren lassen. Damit ist ein gefährlicher Interessenkonflikt programmiert, von dem schwer vorauszusehen ist, welche Ereignisse diesbezüglich zu erwarten sind.

5. Welche *Folgerungen* liegen aus diesen Konfliktlinien und Selbstirritationen nahe? Was bedeutet Chinas Zukunft ohne „Harmonie"?

– Die chinesische Sozialkonstruktion als auch ihr historischer, kultureller und politischer Hintergrund unterscheidet sich von dem uns vertrauten westlichen Hintergrund und seinen Selbstverständlichkeiten. Die uns bekannten westlichen Problemlösungsstrategien sind nicht zu erwarten.

– Wir nehmen aber in unserem Forschungsprojekt an, dass auch der chinesische sozio-kulturelle-politische Hintergrund und die „neue" politische Rhetorik des „Peking Konsens" („harmonische Gesellschaft") keine geeignete Interpretation und keine Orientierung für die zu erwartenden Herausforderungen der Fortführung der chinesischen Modernisierung sind. Es ist aber nicht auszuschließen, das Chinas Modernisierung, da sie die westliche Modernisierung übersprang, direkt mit einer Version der hybridisierten postmodernen Gesellschaft weitergeführt wird. Das weist Vergleichspunkte mit der japanischen Modernisierung und der japanischen Gegenwartsgesellschaft auf. (*ProtoSociology* Vol. 32 2015) Insgesamt werden sich die Konfliktlinien vermutlich strukturell auf seine politische Funktion, Rolle und seine außenpolitische Kommunikationsstrategie im politischen System der nationalstaatlichen Organisationen auswirken. Angesprochen sind damit die Optionen der chinesischen Außenpolitik und die sie bedingenden Strukturen der chinesischen Gesellschaft. Dabei ist davon auszugehen, dass der Nationalstaat mittlerweile viele Gegenspieler hat. Die Frage nach der harmonischen oder nicht-harmonischen Zukunft ist deshalb eine falsche Fragestellung.

4.2 Nicht-westliche Problemlösungen

Die chinesischen Eliten werden sich ihren eigenen Problemen zu stellen haben, die durch die Modernisierung der chinesischen Gesellschaft herbeigeführt wurden. Das steht ihnen bereits nicht mehr zur Disposition. Dabei werden sie nicht auf westliche Modelle zurückgreifen können. Es ist eher zu erwarten, dass sie die Strukturen weiter variieren, die sich aus ihrer Sicht bewährten. Der mittel- und langfristige Entwicklungspfad wird dabei von den Strukturen der chinesischen Gesellschaft und ihren Innovationen abhängig sein. Das zeigt sich an der Veränderung der sozialen Beziehungen im Alltag, des einzelnen Gruppenmitglieds zu seiner Gruppe und an der für die chinesische Gesellschaft typischen Gestaltung von Problemlösungen durch soziale Netzwerke. Das wird kurzfristige Entwicklungskonflikte nicht ausschließen, sondern sie auch befördern. Damit können aber auch Regulierungsdefizite einhergehen. Ihre Absorption wird über die typisch chinesische Konfliktverarbeitung und Zielverfolgung verlaufen. Sie wird sich vermutlich an einer den Chinesen vertrauten Erfahrung und Problemlösungsstrategie orientieren, die sich dahin gehend zusammenfassen lässt: *Folge dem Wandel.* Damit geht aber ein Folgeproblem einher, dass sich aus der chinesischen Modernisierung keine Einstellung ergeben hat, mit Selbstirritationen umzugehen. Vermutlich können auch chinesische Intellektuelle sie nicht erkennen.

China ist eine ohnmächtige Weltmacht und wird es in Zukunft auch nicht ernsthaft anstreben einen globalen Führungsanspruch durchzusetzen. Die Ohnmacht Chinas besteht darin, dass die chinesische Modernisierung zu einer Gesellschaftsstruktur und Selbstbeschreibung geführt hat, die sich selbst bindet, indem die chinesischen Sozialstrukturen und Errungenschaften nicht ohne radikale Brüche verändert werden können. Zu diesen Strukturen gehören die Verbindung zwischen dem politische und dem Wirtschaftssystem sowie ihrer gegenseitigen Abhängigkeit, die chinesische Sozialkonstruktion, Solidaritätsformen und Sozialstruktur, d. h. die Mitgliedschaftsunterscheidung durch die Status- und Prestigeordnung. Die politische Selbstbeschreibung der chinesischen Gesellschaft nimmt für sich einen alternativen Modernisierungspfad gegenüber der westlichen Modernisierung in Anspruch. In der politischen Selbstbeschreibung beansprucht China die Schwäche westlicher Gesellschaften überwunden zu haben, da die chinesische Gesellschaft weniger durch Konflikte, Ausbeutung, ungleiche soziale Beziehungen und ein ungleiches Verhältnis zwischen dem politischen System und dem Wirtschaftssystem geprägt sein soll. Dass es sich dabei um politische Rhetorik handelt, ist offensichtlich und bedarf keines weiteren Kommentars. Dennoch ist es wichtig diese Form der Selbstbeschreibung zu beobachten, da sie der Abgrenzung dient und eben keine integrative Funktion hat, wie sie für eine führende Weltmacht von Bedeutung ist. Der Chinesische Traum findet damit vielleicht Nachahmer, aber keine Anhänger außerhalb der chinesischen Gesellschaft, die ihm zustimmen und übernehmen möchte. So ist zu erwarten, dass China sich auch in Zukunft mehr mit sich selbst beschäftigen wird als mit globaler Einflussnahme und Führung auf unterschiedlichen Teilbereichen der Gesellschaft. Es wird versuchen Konfliktszenarien in seinen territorialen Grenzen, zum Beispiel Konflikt im chinesischen Meer, durchzuspielen und Drohkulissen aufzustellen. Eine überlegene Strategie, ist dabei aber nicht zu erkennen.

Die ohnmächtige Weltmacht China hat sich im 21. Jahrhundert neuen Herausforderungen zu stellen und wird mit Selbstirritation konfrontiert sein, auf die es noch keine Antwort und keine Musterlösung gibt. Die bisherige erfolgreiche Modernisierung liefert die Voraussetzungen für den weiteren Strukturwandel der chinesischen Gesellschaft. Dabei wird China im transnationalen politischen und Wirtschaftssystem der sich in Regionen differenzierten Weltgesellschaft zu mehr Einfluss gelangen, wenn es sich verändert und seine Innovationspotenziale nutzt. Eine gestaltende Einflusspolitik setzt der chinesischen Postmodernisierung dann mehr Grenzen als es auf den ersten Blick naheliegt, wenn es auf direkte Einflussdurchsetzung (Machtpolitik) auf der politischen, aber auch in wirtschaftspolitischer Hinsicht setzt. Insofern ist China eine ohnmächtige Weltmacht, da sie ihre Zieldurchsetzung nur auf indirektem Weg dauerhaft verfolgt kann.

Es ist aber auch zu berücksichtigen, dass der Kampf über den Fluss der freigesetzten, aber knappen, Ressourcen zu keinem Ende kommen wird. Das gilt nicht nur für China, sondern auch weltweit. Wir haben mittlerweile Belege dafür, dass wir nicht mehr in einer „guten Gesellschaft" leben, wie es der deutsche Soziologe Karl Otto Hondrich (2001) in seinen Studien zur Gegenwartsgesellschaft im Hinblick auf den deutschen Sozialstaat, seine Restrukturierung und Erneuerung hervorgehoben hat. Dies ist auch für die kommende chinesische Modernisierung lehrreich. Es ist sich aber auch die soziologische Einsicht bewusst zu machen, dass die Macht der Herkunftswelten durch keine Modernisierung, auch nicht durch die westlichen Revolutionen, gebrochen wurde.[1]

---

[1]Wir möchten Wilhelm K. Essler, Werner Krawietz und Svenja Schmalfuß für die hilfreichen Kommentare bei der Fertigstellung des Textes danken.

Was Sie aus diesem *essential* mitnehmen können

- Warum China anders ist und was das bedeutet
- Innere und äußere Grenzen für Chinas globalen Einfluss
- Chinas Wandel ist keine westliche Modernisierung
- Es gibt keine westliche Demokratie in China und es wird keine geben
- Eigenarten der Kultur Chinas

© Springer Fachmedien Wiesbaden 2017
G. Preyer und R. Krauße, *Ohnmächtige Weltmacht China,* essentials,
DOI 10.1007/978-3-658-15527-8

Literatur

Bergmann, Wilfried, und Werner Krawietz. 2009. Perestroyka als politisch-rechtliches Prinzip? Herkunft und Zukunft einer normativen Leitidee in zivilgesellschaftlicher und globaler Perspektive. In *Nach 20 Jahren Perestroyka. Wege zu einer Neuen Weltordnung,* Hrsg. Krawietz Bergmann. Berlin: Duncker & Homblot.

Copi, Irvin M. 1972. *Introduction to logic*, 4. Aufl. New York: Macmillian.

Essler, Wilhelm K., Joachim Labude, und Stefanie Ucsnay. 2000. *Theorie und Erfahrung Eine Einführung in die Wissenschaftstheorie.* Freiburg i. Br.: Verlag Karl Alber.

Hondrich, Karl Otto. 2001. Prolog: Die gute Gesellschaft. In *Der Neue Mensch,* Hrsg. Karl Otto Hondrich, 14–33. Frankfurt a. M.: Suhrkamp.

Luhmann, Niklas. 1984. *Soziale Systeme. Grundriss einer allgemeinen Theorie.* Frankfurt a. M.: Suhrkamp.

Luhmann, Niklas. 1993. *Das Recht der Gesellschaft.* Frankfurt a. M.: Suhrkamp.

Marshall, Thomas H. 1965. *Class, citizenship and social development.* New York: Garden City (Anchor Books).

Parsons, Talcott. 1977. Equality und inequality in modern society, or stratification revisited. In *Social systems and the evolution of action theory,* Hrsg. Talcott Parsons, 321–380. New York: Free Press.

Ramo, Joshua Cooper. 2004. *The Beijing consensus.* London: The Foreign Policy Center.

Subramanian, Arvind. 2011. The inevitable superposer. *Why China's dominance is a sure thing, foreign affairs* 90 (5): 66–78.

Xi, Jinping. 2014a. *The Chinese dream of the great rejuvenation of the Chinese nation.* Peking: Foreign Languages Press.

Xi, Jinping. 2014b. *The governance of China.* Peking: Foreign Languages Press.

© Springer Fachmedien Wiesbaden 2017
G. Preyer und R. Krauße, *Ohnmächtige Weltmacht China,* essentials,
DOI 10.1007/978-3-658-15527-8

Ausgewählte Literaturhinweise

Veröffentlichungen aus dem Projekt „Chinas Modernisierung", der ProtoSociology, Goethe-Universität Frankfurt am Main, Frankfurt a. M.

Krauße, Reuß-Markus. 2010. *Guanxi as a model of social integration*. Frankfurt a. M.: Humanities Online.

Krauße, Reuß-Markus. 2015. *Hybridisierung Chinas. Modernisierung und Mitgliedschaftsordnung der Chinesischen Gesellschaft*. Wiesbaden: Springer VS Verlag.

Peter, Georg, und Reuß-Markus Krausse, Hrsg. 2011. China's modernization I. ProtoSociology Vol. 28.

Peter, Georg, und Reuß-Markus Krausse, Hrsg. 2012. China's modernization II. ProtoSociology Vol. 29.

Preyer, Gerhard, und Reuß-Markus Krauße. 2009. *In China erfolgreich sein. Kulturunterschiede erkennen und überbrücken. Strategien und Tipps für den Umgang mit chinesischen Geschäftspartnern*. Wiesbaden: Springer Gabler Verlag.

Preyer, Gerhard, und Reuß-Markus Krauße. 2012. Rechtliche Kommunikation in der Chinesischen Gegenwartsgesellschaft als normativ-faktischer Ausgleich ohne Gleichheit. *Rechtstheorie* 4:403–418.

Preyer, Gerhard, und Reuß-Markus Krauße. 2014. *Chinas Power-Tuning. Modernisierung des Reichs der Mitte*. Wiesbaden: Springer VS Verlag.

Preyer, Gerhard, und Reuß-Markus Krausse. Globalization, differentiation, and membership order. Jan nederveen pieterse research program focused on East Asia. Forthcoming (im Druck).

ProtoSociology Vol. 26 2009. Modernization in times of globalization I.

ProtoSociology Vol. 27 2010. Modernization in times of globalization II.

Vij, Ritu, Hrsg. 2015. Making and unmaking modern Japan. *ProtoSociology Vol. 32*.

Weitere Untersuchungen

Academia.edu unter *Gerhard Preyer,* Einheit „China's Modernization", „Globalization, Modernization, Multiple Modernities".

Über das Forschungsprogramm der Multiple Modernities und zur sozialen Evolution

Eisenstadt, Shmuel N. 2000. *Multiple modernities, new brunswick*. New Jersey: Translation Publisher.

Krawietz, Werner. 2009. Moderne Rechtstheorie als Theorie primärer und sekundärer sozialer Systeme des Rechts. In *Neuer Mensch und kollektive Identität in der Kommunikationsgesellschaft*, Hrsg. Preyer, 249–271. Wiesbaden: Springer VS Verlag.

Krawietz, Werner. 2012. Ausdifferenzierung des modernen Rechtssystems und normative strukturelle Kopplung – sozietal oder sozial? In *Selbstbeobachtung der modernen Gesellschaft und die neuen Grenzen des Sozialen*, Hrsg. G. Peter, und Reuß-Markus Krauße, 73–104. Wiesbaden: Springer VS Verlag.

Preyer, Gerhard. 2011. Zur Aktualität von Shmuel N. Eisenstadt. In *Aktuelle und klassische Sozial- und Kulturwissenschaftler/innen*, Hrsg. S. Moebius. Wiesbaden: Springer VS Verlag.

Preyer, Gerhard, Hrsg. 2015. *Strukturelle Evolution und das Weltsystem. Theorien, Sozialstruktru und evolutionäre Entwicklungen*, 2. Aufl. Wiesbaden: Springer VS Verlag.

Preyer, Gerhard. 2016a. Globalization and the third research program of multiple modernities. Contribution to Vincenzo Cicchelli and Madalina Vartejanu-Joubert, international conference legacies of Shmuel N. Eisenstadt: From philology to sociology, inalco, Paris (26–27 January); Academia.edu unter *Gerhard Preyer*, einheit „globalization, modernization, multiple modernities".

Preyer, Gerhard. 2016b. *Soziologische Theorie der Gegenwartsgesellschaft*, Bd. 3, 2. Aufl. Wiesbaden: Springer VS Verlag.

Preyer, Gerhard, und Michael Sussman, Hrsg. 2016. *Varieties of multiple modernities. New research programm*. Leiden: Brill.

Zur Konkurrenzsituation zwischen China und den Vereinigten Staaten von Amerika und zum Taiwan-China Konflikt

Kissinger, Henry. 2012. *On China 3. world politics-21. century*. New York: Pinguin Group.

Nye, Joseph S. 2015. *Is the American century over (global futures)*. Cambridge: Polity Press.

Paul, Michael. 2014. *Kriegsgefahr im Pazifik? Analogen zum Großen Krieg 1914*. Berlin: Stiftung Wissenschaft und Politik.

Paul, Michael, und Felix Heiduk. 2015. *Keine Entspannung im Inselstreit*. Berlin: SWP-Aktuell.

Weyrauch, Thomas. 2015. *Taiwans gemeinsame Farbe. Das demokratische Profil der Republik China*. Giesen: Langtai Verlag.

Printed in the United States
By Bookmasters